ERIK VAN DER BIEZEN

MOEDER WIL
NAAR HUIS

novum  pro

Dit boek is ook als
e-book
verkrijgbaar.

www.novumpublishing.nl

© 2022 novum publishing

ISBN 978-3-99131-410-3
Geredigeerd door: Meggie Moors
Omslagfotos: Ulianna19970,
Olga Balynska | Dreamstime.com;
Erik van der Biezen
Ontwerp omslag, lay-out & typografie:
novum publishing
Foto's binnendeel: Erik van der Biezen

De door de auteur beschikbaar
gestelde afbeeldingen werden in de
bestmogelijke kwaliteit gedrukt.

www.novumpublishing.nl

Climate neutral
Print product
ClimatePartner.com/16547-2201-1002

Per angusta ad augusta

*Met bijzondere erkenning voor de geduldige en liefdevolle zorgverleners
die de dagelijkse gebeurtenissen van moeder nauwgezet bijhielden
en zo van dichtbij de basis legden voor dit unieke dagboek.*

Inhoud

Voorwoord

Vanaf de dag dat moeder werd opgenomen in het zorgcentrum hielden de verzorgers de dagelijkse gebeurtenissen bij. Zo ontstond dit dagboek van alle avonturen die moeder meemaakte toen ze onverhoopt in deze nieuwe omgeving terechtkwam. En omdat moeders geheugen al behoorlijk afgebrokkeld was, was elke dag weer even nieuw. Iedere dag kwamen dezelfde vragen: *"Wat doe ik hier? Wie zijn die mensen? Wat gebeurt er allemaal?"*

Alzheimer veroorzaakte een gatenkaas van moeders geheugen en veranderde gestaag haar herinneringen. De overgebleven 'geheugeneilandjes' leken soms wel, en soms niet, met elkaar in verbinding te staan. Moeders beleving van de huidige realiteit werd daarom ook steeds verwarder en onsamenhangender. Ze verloor gaandeweg de grip op de werkelijkheid en leefde meer en meer in het moment met weinig notie van gisteren en morgen.

In het zorgcentrum leefde moeder immer in de overtuiging dat ze er nog maar één dag was. Ondanks dat ze prima verzorgd werd en zeker niet klaagde, wilde ze elke dag weer terug naar haar man en kinderen, en naar haar ouders. Ze pakte dan haar spulletjes in, deed haar jas aan, zei iedereen vriendelijk goedendag, en vertrok door de gang zoekend naar een uitweg. Soms werd ze achterdochtig of wanhopig en werd ze boos op alles en iedereen. Ze is zelfs een keer over de balustrade geklommen en naar buiten ontsnapt.

Moeders onuitputtelijke drang om naar huis te gaan zorgde voor een heikele situatie binnen de wettelijke mogelijkheden. Enerzijds verzette moeder zich tegen de opname in het zorgcentrum, anderzijds was de 'onvrijwillige zorg' noodzakelijk. Er was een beslissing van de rechter nodig.

De coronapandemie maakte moeders opname lastiger. De eerste maand moest ze alleen doorbrengen zonder bezoek. Ze werd tijdelijk in een appartement geplaatst met het toilet op de gang. Wat moest ze doen toen ze 's nachts wakker werd en was vergeten waar het toilet was? En hoe moest dat dan weer de volgende dag? Later werd moeder twee keer na elkaar besmet met het virus en verhuisde naar een speciaal ingerichte corona-afdeling.

Na zo'n half jaar kwam onverhoeds een ommekeer. Moeders behoefte om naar huis te gaan leek weg te ebben. Was ze het zorgcentrum stilaan gewoon geworden en berustte ze in de situatie? Was het een gevolg van de overplaatsing naar de corona-afdeling met andere medebewoners? Of kwam het door de voortschrijdende afbrokkeling van moeders geheugeneilandjes waardoor haar beleving van werkelijkheid en verleden verder vertroebelde?

DEEL **1**

De aanloop

Vader en moeder hebben elkaar leren kennen in het vliegtuig als steward en stewardess. Ze zijn vroeg in de jaren zestig getrouwd en brachten kort daarna twee zonen ter wereld. Vader was veel op reis en moeder regelde alles thuis. Toen vader met 56 jaar met pensioen ging, verhuisden ze naar Limburg om van hun 'oude dag' te genieten. Ze woonden in de buurt van moeders ouderlijk huis bij een oude watermolen aan de rand van een prachtig bos.

Moeder was zeer begaan met het bos waar ze al haar hele leven kwam. Ze zorgde dat de beken goed doorstroomden, verwijderde takken van de paden, en nam door wandelaars achtergelaten afval mee naar huis. Soms vond ze dode vogeltjes zoals boomklevers, diverse mezen en vinken, en ook ijsvogels. Ze verzamelde de vogels thuis in de vriezer om ze later op te laten zetten. Zo ontstond in de loop der jaren een prachtige verzameling opgezette bosvogels. Als de watermolen in bedrijf was en voor het publiek geopend, leidde moeder de bezoekers rond en vertelde hartstochtelijk over de geschiedenis van de molen.

Vader en moeder waren ondertussen de tachtig jaar gepasseerd. Vader leed aan een chronische longaandoening en werd behandeld tegen artrose. Ademen werd moeilijker en hij had daardoor steeds minder energie en was weinig mobiel. Dagelijkse bezigheden werden lastig zoals wandelen, traplopen en douchen. Eén keer per week ging hij met de auto naar de fysio om in groepsverband fitnessoefeningen te doen. Vader kwam desondanks zijn dagen goed door met kleine bezigheden in en rond het huis.

Aanvankelijk was moeder gewoon vergeetachtig en een beetje in de war. We waren inmiddels gewend dat ze binnen een korte tijd meerdere keren hetzelfde verhaal vertelde. Maar gaandeweg herkende moeder de huidige werkelijkheid steeds minder. Gelukkig was vader er altijd om eventuele moeilijkheden op te vangen. Hij deed de boodschappen (moeder moest de zware tassen dragen) en hij kookte. Vader bestelde kant-en-klare maaltijden en ze gingen regelmatig naar restaurants in de buurt. Moeder bekommerde zich voornamelijk om de huiskat, deed de huiselijke karweitjes die ze op dat moment belangrijk vond, en was altijd graag in de tuin bezig.

Moeders aanhoudende beleving van het verleden bracht de voortdurende behoefte voort om naar haar vroegere thuis te gaan. Ze legde allerlei spulletjes in tassen en koffertjes klaar bij de voordeur om 'terug naar huis' mee te nemen. Herhaaldelijk stond ze te wachten bij de bushalte en werd dan door opmerkzame buurtbewoners weer teruggebracht. Later kreeg moeder zelfs de drang om naar haar ouders te gaan die reeds een halve eeuw eerder waren overleden. Ze liep dagelijks naar haar voormalige ouderlijk huis een paar honderd meter verderop. De buren maakten dan altijd even een gezellig praatje en vertelden dat zij er nu wonen. Moeder leek dat altijd wel eventjes te begrijpen en ging dan gemoedelijk terug naar huis om dit tafereel de volgende dag weer te herhalen.

Moeder is dement

Op 7 februari 2019 vond op initiatief van de huisarts het eerste huisbezoek plaats voor een oriënterend gesprek met de ouderenverpleegkundige (OVK).

"Er zijn geen mobiliteitsproblemen. Mevrouw is veel buiten in de tuin bezig. Ook is ze secretaris wat betreft het beheer van de molen; haar echtgenoot doet de boekhouding. Mevrouw verzorgt rondleidingen door de molen. Hun netwerk is klein. Ze hebben twee kinderen en die wonen beiden ver weg. Ze hebben drukke banen.

Mevrouws kortetermijngeheugen is verminderd. Ze heeft me de molen laten zien. Toen we terug in de woning kwamen vroeg ze vrijwel meteen of ze me de molen had laten zien. Ze herhaalde regelmatig wat ze verteld of gevraagd had.

Mevrouw herkent haar echtgenoot niet altijd en ziet hem dan als haar overleden broer. Ze vindt dat hij niet in haar slaapkamer mag komen en barricadeert dan de deur. Meneer neemt het zoals het komt maar heeft er wel last van. Haar broer is negen jaar geleden overleden maar ze heeft hem sinds zijn 20ste niet meer gezien. Haar kleinkinderen ziet ze als kleine kinderen die nog naar de lagere school gaan terwijl ze al in de twintig zijn.

Mevrouw heeft geen ziektebesef en geen ziekte-inzicht. Geen zorgen over de toekomst. Wat als er met de echtgenoot iets gebeurt? Mevrouw kan niet zelfstandig blijven wonen. Het kan zijn dat meneer thuis plotseling overlijdt en mevrouw er wel bij komt maar het weer vergeet."

Een maand later hielden we een familiebijeenkomst met de OVK over hoe het in de toekomst verder zou moeten. Vader en moeder vonden het nog niet nodig om thuiszorg te regelen

15

om wat huishoudelijke taken over te nemen. Maar ze gingen uiteindelijk toch met tegenzin akkoord met wat hulp bij het stofzuigen. We gingen ook een aanvraag doen voor een beoordeling voor de Wet Langdurige Zorg (WLZ) zodat ze – indien ooit nodig – naar een zorginstelling konden.

"Mevrouw geeft aan dat het nu toch wel weer eens tijd wordt dat ze naar huis gaat. De kinderen moeten naar school. Ze duidt erop dat meneer ziek is en zij het nu tijd vindt dat hij weer iets gaat doen. Ze geeft dit ook naar hem toe aan. Ze vindt het tijd worden dat hij van de bank afkomt en weer eens gaat stofzuigen. Er was geen brood meer in huis. Echtgenoot bakt vanavond pannenkoeken die ze dan morgenvroeg als ontbijt kunnen nuttigen. Morgen zou hij een kennis vragen om boodschappen te doen.

Mevrouw zou eigenlijk hulp nodig hebben omdat we er geen zicht op krijgen of ze in staat is om zichzelf te wassen/ douchen. Mevrouw weigert hulp. Mevrouw geeft aan de dagen goed om te krijgen. Ze wil geen ondersteuning bij het indelen van de dag. Meneer geeft aan dat mevrouw zich wel regelmatig verveelt. Buren houden mevrouw in de gaten. Komen regelmatig op bezoek."

We hadden ze allebei vast ingeschreven voor eventuele opname in het woonzorgcentrum in de buurt. Op 13 april vierden we vaders 83ste verjaardag en we gingen die dag met z'n allen op bezoek bij het zorgcentrum voor een rondleiding. Voor vaders kortademigheid hadden we een rolstoel laten klaarzetten.

De WLZ-indicatie was aangevraagd bij het *Centrum Indicatiestelling Zorg* (CIZ). De toetsing door de CIZ-medewerker was op 16 mei bij vader en moeder thuis. Moeder ontkende stellig dat er sprake was van geheugenproblemen en dat zorgopname in de toekomst noodzakelijk zou zijn.

"Bij mevrouw is dementie gediagnosticeerd. Er is sprake van progressieve cognitieve functieproblemen. Haar kortetermijngeheugen

is fors verminderd. Er is sprake van apraxie [niet meer kunnen uitvoeren van alledaagse handelingen]. Executieve functies zijn verminderd. Planning en realisatie is verminderd. Omdat mevrouw geen ziektebesef en geen ziekte-inzicht heeft laat ze geen hulp toe. Ze heeft 24 uur per dag sturing en toezicht nodig. Haar echtgenoot ondersteunt haar zoveel mogelijk, maar hij is somatisch aangedaan."

Voor moeder werd de indicatie '*Beschermd wonen met intensieve dementiezorg*' afgegeven.

"U heeft geheugenproblemen als gevolg van dementie. U bent niet in staat uw leven te organiseren of structuur aan te brengen in uw dag. U neemt geen initiatief in taken of uw persoonlijke verzorging. Hierdoor heeft u hulp en begeleiding nodig bij het uitvoeren van taken, nemen van beslissingen, aanbrengen van structuur in de dag en uw persoonlijke verzorging. Zorg is 24 uur per dag in de nabijheid nodig op geplande en ongeplande momenten, waarbij de zorgverlener het initiatief moet nemen."

Bij moeder werd alzheimer vastgesteld en zij moest eigenlijk direct worden opgenomen. Het was te danken aan vaders zorgzame en geduldige mantelzorg dat ze dat nog een jaar konden uitstellen.

Vaders aanvraag werd afgekeurd. Dit was precies wat hij wilde en waar hij zijn beoordeling behoedzaam naartoe stuurde. Tijdens het toetsingsgesprek was vader heel actief en vrolijk, was voortdurend gezellig aan het babbelen, en liep vlot heen en weer voor koffie en koekjes.

"U heeft geen cognitieve problemen. Er is geen sprake van concentratie of geheugenproblematiek. U kunt een juiste inschatting maken. Er is geen sprake van regieproblemen. U kunt zichzelf verzorgen. Uw lichamelijke problematiek leidt niet tot noodzaak tot 24-uurszorg in nabijheid en ernstig nadeel is niet aan de orde.

Er is sprake van somatische problematiek en u wordt beperkt in uw mobiliteit door COPD. Tevens is er sprake van verminderde functie door artrose en pijnklachten. U heeft een lage inspanningstolerantie. Door rustmomenten te doseren kunt u een taak volbrengen."

De OVK voegde daar nog aan toe:

"*Meneer is energetisch fors beperkt. Hij kan zijn echtgenote onvoldoende ondersteunen omdat hij er de kracht niet voor heeft. Meneer is erg kwetsbaar. Het is de vraag of mevrouw in staat is om te alarmeren, als meneer of mevrouw iets overkomt. De veiligheid van beiden komt hierbij in het gedrang.*"

Op de avond van 6 december viel vader ongelukkig van de trap. Terwijl hij hulpeloos beneden op de grond lag heeft hij toch moeder de hulpdiensten kunnen laten bellen. Hij werd op een brancard door een ambulance naar het naburig ziekenhuis gebracht. Vader belde ons pas in de loop van de volgende ochtend vanuit het ziekenhuis om te vertellen wat er gebeurd was. Toen wij in allerijl en geschrokken in de middag bij de woning aankwamen, bleek gelukkig alles goed met moeder. Toen we haar vroegen waar vader was, zei ze dat hij nog gewoon boven lag te slapen.

Vader was na twee overnachtingen in het ziekenhuis weer wat bijgekomen. Hij had overal pijn maar had niks gebroken en na twee dagen was hij weer thuis in zijn eigen hoekje op de bank. Hij was overal stijf en had een fikse bult op z'n hoofd maar hij pakte gewoon de draad weer op. Vader ging er eindelijk mee akkoord om zijn bed beneden in de bijkeuken te zetten zodat hij niet meer met de steile trap naar boven hoefde.

En zo bleven zij 'als de lamme en de blinde' zo lang als mogelijk samen in hun eigen huis bij de watermolen en het prachtige bos. Wij kregen af en toe opmerkingen van de toegewijde OVK dat het hoog tijd werd iets te gaan ondernemen.

Wij zeiden dan eigenwijs: *"Zolang als het gaat, gaat het nog."* De OVK antwoordde *"Ja, dat zegt je vader ook altijd."* Wij zeiden niks maar waren het wel eens: dit was inderdaad wat zij het liefste wilden.

Moeder wordt opgenomen

In maart 2020 kon de ouderenverpleegkundige (OVK) niet meer op bezoek vanwege het risico op besmetting met het coronavirus. De OVK belde daarom elke week met vader om te horen hoe het ging. Ondertussen kwam ook één keer per week de huishoudelijke hulp. De OVK liet ons dikwijls weten dat vaders conditie hard achteruit ging. We probeerden hem meermaals te overtuigen om meer thuiszorg in te schakelen zodat hij wat meer energie zou overhouden om de dag beter door te komen. Op vrijdag 3 april stuurde de OVK een appje dat het snel afgelopen zou kunnen zijn en dat we beter direct langskwamen. Door de corona-lockdown moest de huisarts eerst schriftelijk mijn verplaatsing vrijwaren. De thuiszorg was nog langs geweest om vaders artrosepleisters te plakken. Hij had de zorg toegelaten maar wilde het liefst alles zelf blijven doen. Maandag 6 april werd duidelijk dat vaders toestand kritisch was. Hij lag beneden in de bijkeuken in bed en werd door de thuisverpleging om de vier uur met medicatie in slaap gehouden. Hij kreeg ook morfine. De situatie drong niet tot moeder door want vader lag, voor haar ogenschijnlijk onherkenbaar, beneden in de bijkeuken waar nooit een bed heeft gestaan.

"Ouderenverpleegkundige is op huisbezoek geweest bij mevrouw om haar te ondersteunen bij terminale echtgenoot. Ik heb de voortgang met beide zonen besproken. Als haar echtgenoot komt te overlijden, zal ze opgenomen moeten worden in een zorgcentrum. Mevrouw is niet in staat om voor zichzelf te zorgen. Er ontstaat dan meteen een onveilige situatie. Haar zonen wonen beiden ver van haar vandaan en zijn niet in staat om hun moeder de begeleiding te bieden die ze nodig heeft.

In overleg met de zonen Artikel 21 aangevraagd voor 'Besluit tot opname en verblijf'. De toetsing binnen de Wet Zorg en

Dwang (WZD) kan pas achteraf worden afgenomen i.v.m.
risico op besmetting met het coronavirus. Zodra er zicht is
op een mogelijke opnamedatum (afhankelijk van datum van
overlijden echtgenoot), neem ik contact op met Transferpunt.
De zonen hebben aangegeven tot die tijd bij hun moeder te
blijven. Huishoudelijk medewerkster op de hoogte gebracht van
de situatie. Zij is erg betrokken bij het echtpaar."

Vader overleed vroeg in de ochtend van dinsdag 7 april. Wij
leerden later dat zijn vader 32 jaar eerder toevalligerwijs ook
op deze datum was overleden.

De Wet Zorg en Dwang (WZD) was een paar maanden eerder
landelijk ingegaan. Moeders aanvraag voor de WZD-toetsing
werd direct ingediend bij het *Centrum Indicatiestelling Zorg* (CIZ)
om te regelen dat ze zorg kon krijgen waar ze eigenlijk geen
toestemming voor had gegeven. De huisarts nam ook gelijk een
mondstaal bij moeder af om te laten testen op het coronavirus.

"De WZD-aanvraag is in goede orde ontvangen en goed
bevonden. Als er vragen zijn vanuit de organisatie kan contact
opgenomen worden met Triage van het CIZ. Afgesproken is dat
mevrouw niet geïsoleerd wordt opgenomen in het zorgcentrum.
Mevrouw gaat verzet tonen als ze 48 uur geïsoleerd moet
verblijven.

Als mevrouw negatief blijkt te zijn voor aanwezigheid van
het coronavirus, kan ze begin volgende week opgenomen wor-
den. Corona testlab gebeld met de vraag om mevrouw thuis te
testen. Ze geven aan dat ze nog niet geschoold zijn. Scholing
vindt donderdag a.s. plaats. Vervolgens moeten ze wachten
op fiat. Huisarts gebeld. Zij neemt contact op met de GGD
[Gemeentelijke Gezondheidsdienst] met de vraag om mevrouw
op korte termijn te testen.

Huisarts geeft door dat ze zelf in overleg met de GGD de
coronatest heeft uitgevoerd bij mevrouw. Haar zoon is met het

staal naar het COVID-19 testlab. Als alles meezit krijgt de
huisarts vanavond nog de uitslag."

Op zaterdag 11 april werd vader gecremeerd met mooie muziek
en toespraken van de kleinkinderen. Door de coronabeperkingen
waren er verder geen genodigden. Moeder was er de hele tijd
bij en we hebben samen een laatste groet gebracht bij de kist
waarin vader mooi aangekleed opgebaard lag. Toen we weer
thuis waren hebben we de vlag halfstok gehangen. Twee dagen
later zou vader 84 jaar oud geworden zijn.

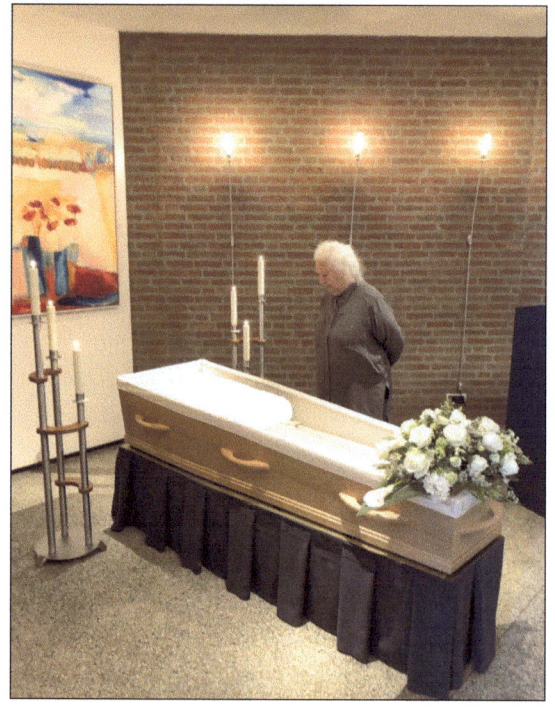

Op 14 april konden we moeder naar het zorgcentrum brengen.
We hadden alles afgestemd met de OVK die moeder zou
ontvangen en bezighouden. Maar moeder wilde helemaal

niet mee. We zeiden dat we een kopje koffie gingen drinken bij de OVK. Moeder zag het nut er niet van in en zei dat de OVK maar naar haar moest komen. Toen ze uiteindelijk zag dat we met z'n allen met de auto vertrokken, ging moeder toch mee. Terwijl moeder bij de OVK was, hebben wij het intakegesprek gevoerd met de dienstdoende specialist ouderengeneeskunde:

"Mevrouw was al jaren bekend met geheugenproblemen. Een jaar geleden is een indicatie voor verpleeghuisopname aangevraagd en goedgekeurd. Haar mantelzorgende echtgenoot is een week geleden overleden en daarmee is de vraag voor opname acuut geworden. Naast haar dementie is zij altijd gezond geweest, was goed ter been en gebruikte geen medicatie.

Haar karakter wordt beschreven als dominant. Zij is bekend met kortdurende periodes van boosheid. Al in de thuissituatie zei zij dan vaak naar huis te willen. Zij bedoelde daarmee naar het huis van haar ouders. Haar zonen verwachten dat zij dit ook zal doen op de afdeling. Waarschijnlijk zal deze boosheid/naar huis willen indien zij afgeleid wordt snel voorbij gaan.

Mevrouw herkent haar echtgenoot niet meer. Ze leeft in het verleden. Ze is in de veronderstelling dat haar kinderen nog jong zijn en haar nodig hebben. Ze heeft om die reden een tas met spullen in de keuken staan en geeft elke dag aan dat ze naar huis gaat omdat de kinderen al te lang alleen zijn."

We hadden met de OVK afgesproken dat we moeder geen goedendag meer zouden zeggen. Maar toen we wegreden stond ze onverwachts toch buiten achter de balustrade van het terras en riep bezorgd: *"Zorgen jullie goed voor Josephine?"* We hebben de huiskat van moeder de volgende dag naar een dierenasiel gebracht. Zowel moeder als Josephine waren nu allebei onder de pannen maar de gelijkenis voelde heel ongemakkelijk.

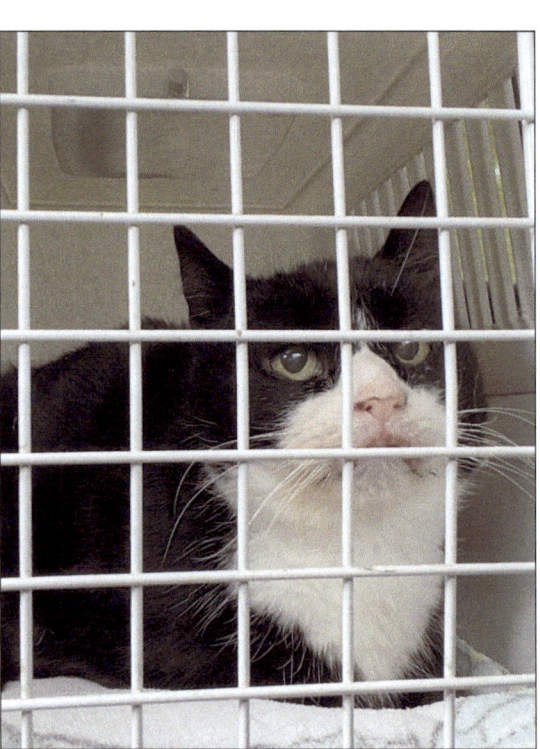

Moeder verzet zich

Moeder werd half april opgenomen in een gesloten afdeling van het zorgcentrum. Door de coronasituatie kon ze geen bezoek ontvangen en werden wij via het persoonlijke digitale zorgnetwerk op de hoogte gehouden. Zo konden wij wel de nodige spullen brengen (kleren, tandenborstel) en in allerlei informatie voorzien. De zorgmedewerkers stuurden ook zo nu en dan wat foto's op. Alles was goed verzorgd en moeder kreeg 24 uur per dag persoonlijke aandacht.

Na de lange afzondering kon moeder half mei verhuizen naar een andere afdeling en eindelijk weer bezoek ontvangen. Ze had nu een groter appartement met eigen douche en toilet, en toegang tot een grote tuin. We hebben haar direct bezocht en wat nieuwe persoonlijke spullen gebracht (schilderijtjes, knuffeldieren). Het was mooi weer en we hebben een paar rondjes in de tuin gewandeld. Elke keer als we opnieuw langs de kooi met gele parkieten kwamen was ze weer blij verrast om die leuke vogeltjes te zien. En ook toen zei ze vlug naar huis te willen om voor haar jongens te kunnen zorgen.

Moeders beleving was meestal in haar vroegere jaren toen ze nog thuis bij haar ouders woonde. Toch vond ze het nooit vreemd dat wij tegelijkertijd ook over haar echtgenoot, kinderen en kleinkinderen spraken. Het was het beste om in haar beleving mee te gaan en niet goedbedoeld de realiteit proberen uit te leggen. Behalve dat dit zinloos was, werd ze daarmee ook boos: *"Wie denk je nou wel wie je bent? Wat weet jij er nou van?"*

Moeder genoot van de gastvrijheid van het zorgcentrum en uitte elke dag haar oprechte dankbaarheid dat ze er mocht logeren. Maar ze liet ook dagelijks weten dat ze weg wilde om naar huis te gaan. Dankzij haar goede fysieke conditie is ze een keer met behulp van een stoel over de balustrade van het terras geklommen en naar buiten ontsnapt. Ze kreeg sindsdien een gps-tracker aan haar kleren bevestigd zodat ze bij een eventuele volgende poging direct opgespoord kon worden.

Op 17 juni werd de aanvraag binnen de Wet Zorg en Dwang (WZD) door het *Centrum Indicatiestelling Zorg* (CIZ) afgewezen. Er was wel degelijk sprake van 'onvrijwillige zorg' omdat moeder hier nooit toestemming voor had gegeven en waartegen ze zich zelfs heftig verzette. Hoewel moeder zelf vond dat ze nog goed thuis kon wonen, werd de noodzakelijke opname in het verpleeghuis door niemand in twijfel getrokken. Maar om moeder in de zorginstelling te houden moest er een procedure gestart worden om goedkeuring van de rechter te krijgen.

Voor de rechterlijke machtiging vond er op 30 juni een medisch onderzoek plaats door een arts van de zorginstelling:

"Mevrouw vraagt zich meerdere keren af waar deze ontmoeting voor nodig is. De uitdrukkingsvaardigheid is goed. Stemming normaal, vriendelijk in het contact, enigszins achterdochtig. Ze uit zich tevreden, over het wonen, de zorg en de begeleiding. Ervaart gezelligheid in de huiskamer. Er zouden zich geen bijzonderheden sinds de opname hebben voorgedaan. Mevrouw lijkt het idee te hebben dat de huidige situatie tijdelijk is, wil op termijn terug naar huis. In de beleving van mevrouw kan haar vader haar hulp goed gebruiken. Bij het afscheid kan mevrouw niet goed meer bepalen of ik een medewerker of bevriend persoon ben."

Op 27 juli vond de WZD-toetsing plaats door het CIZ via Facetime op de iPad van het zorgcentrum. Ik belde naar de mobiele telefoon van de zorgmedewerker die ze naast de iPad hield. Moeder kon de CIZ-medewerker op de iPad zien maar kon mij alleen horen. Moeder was aanvankelijk onwennig en achterdochtig, mede omdat ze niet vertrouwd was met de technologie. De CIZ-ambtenaar begon het gesprek door moeder goedbedoeld te condoleren met het verlies van haar echtgenoot.

Maar moeder had geen idee waar de CIZ-medewerker het over had want ze was ervan overtuigd dat haar man nog leefde. Moeder zei dat ze het heel erg naar haar zin heeft in het zorgcentrum maar ook dat ze zeker niet wilde blijven. Ze vertelde dat ze straks naar huis ging omdat haar ouders haar nodig hadden en omdat haar echtgenoot elk moment kon terugkomen met het vliegtuig.

Het CIZ concludeerde dat moeder absoluut in een zorginstelling moest blijven maar dat er wel sprake was van dwang omdat ze dagelijks weg wilde. Het CIZ ging daarom nogmaals goedkeuring aanvragen bij de rechter voor een onvrijwillige opname. De ouderenverpleegkundige (OVK) benadrukte dat er een verschil gemaakt moest worden tussen een 'gedwongen opname' en de 'behoefte om naar huis te gaan'. Door de interventie van de OVK werd nu eerst een onafhankelijk adviesbureau ingeschakeld. Er was telefonisch overleg met het *Centrum voor Consultatie en Expertise* (CCE).

"Na een volledig onderzoek door een CIZ-onderzoeker en beoordeling van de gegevens door een medisch adviseur van het CIZ is twijfel blijven bestaan of bij mevrouw sprake is van verzet tegen opname en verblijf. Daarom is aan het CCE gevraagd om advies te geven ten aanzien van de houding van mevrouw over een opname. Op basis van aanvullend onderzoek van het CCE en hun advies is het volgende aan de orde:

Het CIZ vindt het noodzakelijk dat mevrouw opgenomen blijft omdat het gedrag van haar psychogeriatrische aandoening leidt tot ernstig nadeel of aanzienlijk risico daarop. Er is sprake van ernstige verwaarlozing. Het CIZ vindt voortzetting van het verblijf noodzakelijk en geschikt om dit ernstig nadeel te voorkomen of af te wenden. Er zijn geen minder ingrijpende mogelijkheden.

Omdat mevrouw geen bereidheid laat zien voor een opname en zich er ook niet tegen verzet, is voorzetting van het verblijf op grond van Artikel 21 van de WZD aan de orde. Het besluit tot opname is vijf jaar geldig omdat er geen verbetering wordt verwacht."

De aanvraag voor de rechterlijke machtiging voor onvrijwillige opname werd eind augustus weer ingetrokken.

Moeder komt thuis

Op het hoogtepunt van de eerste coronapiek verhuisde moeder naar het zorgcentrum. Pas na een maand mocht er voor één uur per dag, één vaste persoon op bezoek, in haar eigen kamer met de deur dicht, en met gedesinfecteerde handen, een mondmasker en anderhalve meter afstand. Een paar maanden later werden er weer meer bezoekers toegelaten en konden we ook buiten een wandeling maken. We zagen dat het moeder goed deed als we langskwamen.

Moeder was zich nooit bewust van haar toestand en begreep niet hoe ze in het zorgcentrum was beland. Ze beleefde elke volgende dag weer als haar eerste dag in het zorgcentrum. Ze ging er daarom altijd van uit dat ze er maar tijdelijk logeerde en vroeg soms of ze ervoor moest betalen. Ondanks dat moeder naar huis verlangde, genoot ze van de gastvrijheid en uitte vaak haar welgemeende dankbaarheid. Maar af en toe vertrouwde ze het niet helemaal en werd ze achterdochtig. Dan stak ze haar spullen in haar tas of verstopte ze in haar kast zodat niemand ze mee kon pakken.

Het zorgcentrum deed er alles aan om coronabesmettingen te voorkomen maar in november werd toch bij enkele bewoners en medewerkers het virus vastgesteld. Ook moeder werd besmet en werd overgeplaatst naar een afgezonderde corona-unit. Wij kwamen onherkenbaar op bezoek in clowneske outfits met rode haarnetjes, gele overjassen, blauwe handschoenen, grote brillen en mondmaskers. Moeder had gelukkig alleen milde symptomen; gedurende 1 tot 2 weken was ze vooral heel moe en viel overdag vaak in slaap.

Moeders drang om naar huis te gaan verminderde omstreeks haar eerste besmetting toen ze naar de corona-unit verhuisde. Ze leek beter te aarden in de nieuwe woongroep en met de dag groeide er meer vertrouwen. Moeders nimmer aflatende gedachte dat ze ergens nog een thuis had maakte geleidelijk plaats voor berusting. Haar gemoedsrust ging zichtbaar vooruit waardoor het voortdurende zoeken naar een uitgang ook afnam. Ze raakte vertrouwd met het zorgcentrum en genoot van de persoonlijke aandacht.

In december bevond Nederland zich in de tweede lockdown en werd er geadviseerd om zo weinig mogelijk naar zorginstellingen te komen. Moeder hoestte regelmatig en uit voorzorg werd weer een coronatest afgenomen. Anderhalve maand na haar eerste besmetting testte moeder voor de tweede keer positief. Ook nu waren de gevolgen beperkt tot een algehele vermoeidheid. In januari werden de bewoners van het zorgcentrum ingeënt met het COVID-vaccin. Ondanks dat moeder een paar weken daarvoor positief was (waardoor inenting enig risico meebracht), werd besloten om haar te vaccineren. Eén dag voor de geplande inenting was ze echter niet helemaal fit en werd de vaccinatie toch uitgesteld. Terwijl wij nog geduldig wachtten tot moeder aan de beurt was voor haar eerste inenting, kregen de andere bewoners al hun tweede prik.

Moeder liep niet meer zo soepel. Ze boog nogal voorover en maakte kleine schuifelde stapjes terwijl ze heel kenmerkend haar handen op haar rug hield. Toen ze rap hulp wilde halen voor een medebewoner die naar het toilet moest, viel ze ongelukkig hard voorover op de vloer in de gang. Gedurende lange tijd ondervond ze hevige borstpijnen die haar belemmerden in haar bewegingen. In maart versoepelden de bezoekregels en mochten we met moeder weer naar buiten. Sindsdien namen we haar mee in een rolstoel en gingen alleen kleine stukjes wandelen stevig vast aan een arm.

Het zorgcentrum oordeelde dat moeder de laatste maanden eigenlijk altijd wel goed gestemd was. Haar behoefte aan eigen regie maakte dat ze niet alles toeliet maar ze werd nooit echt boos meer. *"Ze houdt van gezellig praten en lachen, en is graag met de medebewoners in de gemeenschappelijke woonkamer."* Moeders oorspronkelijke opgeruimde en bij vlagen onstuimige karakter was teruggekeerd. Haar drang om naar huis te gaan was vrijwel uitgedoofd. Als gevolg was ze ook niet meer op zoek naar de uitgang en hoefde ze de gps-tracker niet meer bij zich te dragen. Begin april kreeg ze de COVID-vaccinatie en hadden wij ook meer gemoedsrust. Het was nu exact één jaar geleden dat ze aan het begin van de coronapandemie in de zorginstelling belandde. Wij keken terug op een woelig jaar. Terugkijken kon moeder niet meer, maar intussen had ze wel een nieuw thuis gevonden.

DEEL **2**

Dagboek

De toegewijde medewerkers van het zorgcentrum stonden moeder 24 uur per dag, 7 dagen per week bij met de dagelijkse zorg. De zorgmedewerkers gebruikten een beveiligd en persoonlijk digitaal netwerk om elkaar op de hoogte te houden van de dagelijkse gebeurtenissen. Zodoende konden ook wij het reilen en zeilen van moeder in het zorgcentrum op de voet volgen.

Verschillende zorgverleners rapporteerden dagelijks hun bevindingen in de 'ik-vorm' in moeders logboek op het digitale zorgnetwerk. Deze notities vormden de basis voor dit dagboek.

April 2020 – De verhuizing

14 april – Emma is vanmorgen opgenomen in het zorgcentrum. Ze heeft 's middags aan tafel meegegeten. Ze was later boos dat ze hier moest blijven. Ik heb uitgelegd dat wij begrijpen dat het voor haar lastig is. Ik ben dan met Emma naar haar kamer gegaan en toen zakte het al snel. Later heb ik buiten met haar een kopje thee gedronken. Emma heeft vanmiddag nog even buiten een boekje gelezen maar kwam al snel weer naar binnen. Ze heeft het gevoel hier opgesloten te zitten en voelde regelmatig aan het hekje buiten. Ze vertelde steeds hetzelfde verhaal over een injectie in haar arm in een vliegtuig.

Ze heeft vanavond vaak gevraagd of ze naar huis toe kon en waar de uitgang was. Ook vroeg ze regelmatig wanneer er een bus of trein langskwam zodat ze terug kon naar haar man en kinderen. Ik heb haar telkens hetzelfde antwoord gegeven. Ze leek het dan even te begrijpen maar stelde dan opnieuw de vraag. Emma werd soms even boos en is dan verbaal sterk. Later op de avond keerde de rust terug toen een medewerker een spelletje met een andere medebewoner aan het doen was. Emma heeft vanavond tijdens het eten alleen een kopje soep op; ze kwam wel aan de gezamenlijke tafel zitten. Ze had veel paaseitjes gesnoept en later op de avond ook nog wat. Ik heb haar een wijntje aangeboden maar ze nam liever een glaasje water.

Ik heb haar later naar de slaapkamer begeleid. Ik heb haar ook meteen haar tanden laten poetsen; hierbij kwam veel bloed mee. Ze kan de weg naar het toilet niet goed vinden. Bij het naar bed gaan zei ze dat ze het hier wel prettig vindt en dankbaar is voor de goede zorgen. Emma zei dat ze de medewerkers wel lief vindt en dat wij er ook niets aan kunnen doen. Een bewegingsmelder wordt gestart voor de nacht om Emma tijdig naar het toilet te kunnen begeleiden.

15 april – Emma was dankbaar voor de zorg en was de hele dag goedgezind. Ze vroeg vanmorgen nog wel een aantal keer waarom ze hier is maar leek het te begrijpen. Ze was echter wel helemaal kwijt dat haar man is overleden maar was hier verder niet rouwig om en stelde er geen vragen over. Emma heeft de hele middag en avond aangegeven dat ze naar huis wilde. Ze vroeg waar de uitgang was en dat ze naar de bus wilde om naar huis te kunnen. Emma heeft het mijn hele dienst hierover gehad. Ik heb haar vaak uitgelegd waarom ze hier is en dit leek ze dan voor eventjes te begrijpen.

Emma heeft in de avond bijna al haar spullen van de kamer gehaald en in een tas gedaan, zelfs de fotolijstjes die aan de muur hingen. Wanneer ik over het coronavirus begon zei Emma: *"Ik had liever het virus gehad dan dat jullie mij hier vasthouden."* Wanneer ik in gesprek ging met haar en uitlegde dat wij het beste met haar voorhebben, zei ze ook dat wij lief zijn en het goed bedoelen. Emma zei: *"Ze hebben dit achter mijn rug om gedaan."*

Emma liep voortdurend van de gang naar de huiskamer en weer terug. Medebewoners werden onrustig van haar. Ze vond de knuffelpoes van de afdeling erg leuk en dit was een goede afleiding voor haar. Emma zei vroeg in de avond wel moe te zijn. Ik heb haar verteld dat ze hier slaapt en dat ze hier haar eigen bed heeft. Emma vroeg of dit dan nog één nacht was en of ze dan naar huis kon. Emma vraagt dan ook: *"Hoe vaak moet ik hier nog slapen?"*

16 april – Emma liep vanmiddag veel rond. Ze ging ook naar de andere bewoners toe en vroeg of ze hulp nodig hadden. Ze deed de keukenkastjes open en pakte water voor iedereen, ook voor bewoners met slikproblemen. Ik heb haar verteld dit niet te doen maar dat het lief bedoeld was. Ze vond dit niet erg. Emma heeft later met een medewerker de plantjes gepoot. Ze bleef sommige bewoners benaderen met goede bedoelingen maar sommigen werden hier erg onrustig van. Later in de avond heeft ze de krant gelezen en samen met mij gekletst.

17 april – Emma is vanmorgen rustig geweest maar in de middag werd ze wat onrustiger. Ze ontfermde zich over een medebewoonster die zichzelf erg liet meeslepen. Emma bracht zo veel onrust in de huiskamer en nam andere bewoners mee in haar onrust. Ze bleef de hele middag en avond onrustig. Ze zei dat ze hier weg moest en wilde naar haar ouders. Ik heb haar steeds weer uitgelegd dat ze hier tijdelijk is vanwege het virus. Ik heb haar naar bed kunnen begeleiden en ze werd toen erg verdrietig. Ik heb even met haar gesproken en gezegd dat ik haar verdriet begrijp maar nu niets aan de situatie kon veranderen.

18 april – Emma is de hele dag vriendelijk aanwezig geweest. Ze heeft boekjes gelezen, gekleurd, buiten gezeten en met de bewoners gekletst. Emma ging soms mee in de verhalen van andere bewoners maar kon hier wel te ver op ingaan zodat de andere bewoners onrustig werden.

19 april – Vanmorgen vroeg Emma één keer hoe vaak ze hier nog moest slapen. Ze was tot nu toe redelijk rustig. Ze heeft vanmorgen een boek gelezen dat ze erg leuk vond. Na de warme maaltijd is ze buiten gaan zitten. Zojuist vroeg Emma hoe ze naar huis kon, en of ze maar over het hek moest klimmen. Emma zei dat ze naar huis wilde en niet wist wat ze hier moest doen ondanks dat ze het hier wel goed heeft. Ik heb met haar besproken waarom ze hier verblijft maar ze was het hier niet mee eens. Ze wist ook niet dat haar man overleden is en vroeg dan om bewijs.

Emma bleef de hele avond met tassen rondsjouwen op weg naar huis, zo zei ze. In haar tas zat een foto van haar grootvader en van haar echtgenoot maar ook haar toilettas, pyjama, een onderbroek en haar knuffels. Ze wou hier geen minuut langer blijven. Ze moest naar haar vader, moeder, haar twee broers en haar zus. Emma was hierin niet af te leiden en nam medebewoners mee in haar onrust.

Ik ben samen met Emma naar haar kamer gegaan om haar om te kleden voor de nacht. Maar dit accepteerde ze niet: Wie dacht ik wel niet dat ik was? Ik heb meerdere keren uitgelegd dat ze hier verblijft vanwege het coronavirus. Emma werd boos en verhief flink haar stem. Ze vertelde nog liever dood te gaan dan hier nog te moeten blijven slapen. Ik heb haar dan even met rust gelaten en ben later teruggegaan naar haar kamer maar de deur was op slot. Emma lag op bed met haar kleren aan. Ik heb nogmaals aangeboden om haar in haar pyjama te helpen maar dat wou ze absoluut niet. Ik heb het maar zo gelaten om verdere boosheid en verwardheid te voorkomen. Ik heb net nog gekeken en ook nu was haar kamerdeur op slot.

20 april – Emma was vandaag vriendelijk en liet de zorg goed toe. Ze heeft lekker buiten gezeten en geholpen met de afwas. We hebben later nog samen met haar en een andere bewoner in haar familie-fotoboek zitten kijken. 's Avonds heeft ze samen met twee andere bewoners nog een wijntje gedronken. Bij het tandenpoetsen kwam wat bloed mee, waarschijnlijk tandvlees dat bloedt. Emma was erg dankbaar voor de zorg. Ze zei wel dat ze hier nog maar een paar dagen zou verblijven.

21 april – Emma begon in de middag met het pakken van drinken voor de bewoners en waste dan ook de glazen af. Ze overvroeg sommige bewoners. Ook liep ze veel rond. De bewoners werden hier erg onrustig van. Emma werd vanmiddag voor het eten even wat boos en sprak met een verheven stem. Ze wilde hier absoluut niet blijven en wilde op de bus stappen naar huis. Ik heb haar meerdere malen uitgelegd dat dat niet kon en dat ze hier moest blijven. Emma raakte hierdoor geïrriteerd. Ik heb haar dan even alleen gelaten om rustig te worden. Na een kwartier kwam ze weer vrolijk naar de huiskamer en schoof direct aan voor het eten.

Emma heeft vanavond veel buiten in de zon gezeten. Ze bekommerde zich over een medebewoonster die ook telkens meeliep en zorgzaam was voor Emma. Ze zei vanavond wel dat dit maar voor tijdelijk is en ze hier niet al te lang wil blijven. Ik heb haar daarna niet verder meer gehoord over naar huis te gaan en ze ging 's avonds zonder problemen naar bed.

22 april – Emma kon vannacht waarschijnlijk het toilet niet vinden en heeft geplast op de grond bij de kamerdeur. Ze heeft vanmorgen samen met een andere bewoonster gepuzzeld en vond dit erg leuk.

Ze heeft veel buiten gezeten vanmiddag. Ze ontfermde zich dan over iedereen. Emma wilde voor iedereen drinken pakken en wanneer een medebewoner een vraag had, speelde ze dit meteen door naar de verzorging. Medebewoners gingen mee in haar gedrag en werden onrustig doordat ze zo aanwezig en druk was.

Vroeg in de avond werd Emma weer onrustig en was de uitgang aan het zoeken. Ik heb haar een aantal keer naar haar kamer begeleid en verteld dat ze hier woont. Emma vroeg niet veel maar bleef wel zoekende.

23 april – Emma heeft vandaag veel buiten gezeten en was vaak bezig met drinkwater te pakken en te zorgen voor de medebewoners. Ze spoelde de kopjes en glazen om en nam ze mee naar haar kamer. Ze nam de zorg voor de anderen volledig op zich. Emma heeft het vanavond geen enkele keer meer gehad over naar huis gaan. Ze zei dat het hier fijn geregeld is. Ze dronk vanavond buiten een wijntje met de andere bewoners en ging uit zichzelf naar haar kamer.

24 april – Vandaag was Emma vriendelijk aanwezig. Ze heeft geholpen met de afwas. Ze heeft buiten de planten nog nagekeken op verdorde bloemen. Vanavond hebben we met elkaar een geheugenspel gedaan onder het genot van een borreltje.

Emma genoot hier zichtbaar van. Later heeft ze nog met een medebewoner tv gekeken en samen zitten kletsen. Later in de avond wilde Emma naar bed en vroeg waar ze kon slapen omdat ze niet goed wist waar haar kamer was. Ze heeft niet over naar huis gaan gesproken.

25 april – Emma had vanmorgen weer op de grond geplast. Ik heb de bewegingssensor bij het bed neergezet zodat we eerder weten dat ze naar het toilet moet. In de middag was Emma erg zorgzaam voor een medebewoonster. Ze bekommerde zich veel over de bewoners. Ze kwam ook te dicht bij ze in de buurt en raakte hen ook aan wat ze als vervelend ervoeren. Emma was hier slecht in te begeleiden want ze was dit snel vergeten of ging de discussie aan.

Emma kwam laat in de middag met een tas vol spulletjes van haar kamer. Ze wilde naar huis. Ik heb haar verteld dat dit niet kon en dat we gingen eten. Emma vroeg niet veel en ging zitten eten. Ik heb na het avondeten gevraagd of ze de spulletjes weer op haar kamer wilde zetten. Emma kwam niet meer terug. Ze lag met haar kleren aan in bed en ik heb haar daarom wakker gemaakt; ze was gedesoriënteerd en zei dat ze zo wilde blijven liggen.

26 april – Ik heb Emma vandaag zo min mogelijk contact laten maken met de desbetreffende medebewoner. Dit ging over het algemeen goed maar Emma bleef haar soms toch opzoeken. Ze kwam ook erg dicht bij de bewoners en ik heb haar verteld goed afstand te houden. Ze begreep het wel maar was het later weer vergeten. Ik heb de sensor weer bij het bed gezet om te kijken hoe vaak ze uit bed komt en of ze het toilet kan vinden.

27 april – Emma ontfermde zich veel over een medebewoner die zich helemaal op haar verliet. Ik heb gezegd dit beter niet te doen om onrust van beide kanten te beperken. Maar Emma vergat dit en zocht de bewoner toch weer op. Ze vroeg vandaag meerdere malen om naar huis te gaan naar haar vader en moeder.

28 april – De huishoudelijke hulp zei dat er een flinke plas urine in de pedaalemmer zat. In overleg met Emma heb ik nu een po-stoel bij het bed gezet. Ze vond het prima. Hopelijk begrijpt ze vannacht nog dat ze er op kan plassen. Emma was rustig en las veel in boekjes. Ze vond dit erg prettig. Emma zocht de medebewoonster wat minder op en dit leek te helpen voor de wederzijdse onrust. We hebben met Emma en de andere bewoonster op de iPad de geschiedenis van haar familie gelezen en de foto's bekeken. Ze vond dit erg gezellig. Ze heeft later nog de afwas gedaan. Ze was rustig en vriendelijk. Ze was erg dankbaar voor de hulp en heeft niet over naar huis gaan gesproken.

29 april – Emma was vanmorgen erg rap en liep daarom de po-stoel voorbij. Ze heeft er nog geen gebruik van gemaakt. Ze had ook niet in de gaten waar deze voor diende. Ik heb het nogmaals uitgelegd. Ze hoefde nu niet te plassen maar zou het later proberen. Ze was erg vriendelijk.

Ondanks de nieuwe tafelindeling bleef Emma de medebewoonster opzoeken en verzette ze zelf haar stoel om naast haar te zitten. Ze bleef de medebewoonster meeslepen in haar onrust. Emma wilde weg en nam de medebewoonster mee in haar gedrag. Emma pakte haar spulletjes vanuit haar kamer in een tas en liep daarmee rond, zoekende naar een uitgang. Ze was hier niet goed in te sturen vandaag.

Emma heeft vanmiddag maar één keer gevraagd waar ze weg kon. Daarna heeft ze niet meer gezegd dat ze naar huis wilde en hoe ze hier weg kon. 's Avonds zei Emma zelf naar haar kamer te gaan. Ik heb de po-stoel naast haar bed gezet en gevraagd of ze nog wist waarvoor die is. Ze antwoordde dat het om te plassen was. Nu afwachten of ze hier vannacht wel gebruik van maakt.

30 april – Vandaag was Emma erg zorgzaam voor de andere bewoners. Ze bedoelde het allemaal goed maar de bewoners vonden dit niet allemaal prettig. Ik heb Emma hierover aangesproken maar ze snapte niet goed wat ze fout deed. Verder vroeg ze een aantal keer naar de uitgang en dat ze naar haar ouders wilde. Ik heb Emma toch proberen uit te leggen dat ze zelf al op leeftijd is en in een verpleeghuis woont omdat ze wat vergeetachtig is. Ze ontkende dit en vond het onzin.

Mei – Weerstand

1 mei – Toen ik om 5 uur 's ochtends bij Emma binnen ging kijken, zat ze gehurkt te plassen voor de wastafel. Ze schrok toen ik binnenkwam en voelde zich schuldig. Nu heb ik de po-stoel voor de wastafel gezet. Emma bleef zich bekommeren over een medebewoonster en noemde dit haar vriendin. Ze ging elke keer erg dicht bij haar zitten. Ook vroeg Emma haar of ze naar huis wilde of dat ze moest plassen. Hierdoor werden beiden erg onrustig. Later op de avond bracht Emma de tuinstoelen naar binnen maar de reden hiervan was onduidelijk. Ik heb Emma 's avonds naar bed begeleid. Ze vroeg regelmatig naar de medebewoonster omdat ze naar haar toe wilde om voor haar te zorgen. Ik heb gezegd dat het niet nodig was en wij dit wel doen. Emma accepteerde dit. Ik heb de bewegingssensor onder de stoel geschoven zodat ze hem niet wegzet.

2 mei – Vanmorgen stond de po-stoel bij de wastafel. Emma heeft er vannacht goed gebruik van gemaakt.

Emma zat vanmiddag op haar kamer in het donker met de deur op slot. Toen ik binnenkwam begon ze in het Engels tegen mij te praten. Ik antwoordde in het Nederlands maar Emma bleef in het Engels praten. Ze zei dat ze wat verward was en even alleen wilde zijn. Later kwam ze de huiskamer binnen en was weer beter te pas en sprak ook weer Nederlands.

Vanavond kwam Emma met een grote tas met spullen de huiskamer binnen en wilde naar huis. Ik heb haar verteld dat dit niet kon en dat ze voorlopig hier is en niet weg kan. Ik heb haar kamer laten zien maar ze bleef volhouden naar huis te gaan. Ze moest nog een vlucht boeken en informatie over een reis weten die ze volgend jaar gaat maken. Ik ben met Emma in gesprek gegaan en heb uitgelegd hoe de situatie is. Ze leek het te begrijpen en berustte erin.

3 mei – Emma was vriendelijk gestemd en was dankbaar voor de zorg. Ik heb de schilderijtjes opgehangen en samen met haar de fotoboeken onder in de lade van het nachtkastje gelegd. Ik heb ook de tassen onder in de kledingkast gelegd zodat ze misschien minder snel haar spulletjes in haar tassen inpakt.

Emma had vanmiddag haar tas gepakt en wilde naar huis. Ik heb haar verteld dat zij hier nu woont vanwege het virus. Emma nam hier geen genoegen mee en wilde naar haar vader en moeder. Ik heb even goed met haar gesproken en ze kreeg toen meer rust.

Later op de avond zat Emma op haar kamer. Ze was in haar beleving bij de ambassade in het buitenland. Ze dacht weg te zijn gelopen van haar ouders. Ze was bang dat ze iets fout had gedaan. Ik ben met haar meegegaan in haar beleving en verteld dat ze hier mag logeren. Emma vond dit erg prettig en was dankbaar voor de geboden zorg.

4 mei – Emma was vandaag de hele middag vriendelijk en opgewekt aanwezig. Ze bekommerde zich wel veel over de medebewoners en bleef drinken voor hen pakken. Ik heb haar gecorrigeerd en dit accepteerde ze prima.

Emma werd 's avonds onrustig, had een grote boodschappentas vol spullen meegenomen en wilde naar huis. Ze was boos en sprak met een boze stem: *"Al moet ik uit het raam springen, ik wil nu naar huis."* Ik heb haar even gelaten en haar zojuist met veel moeite naar bed kunnen brengen. Ze was het er in eerste instantie niet mee eens maar accepteerde het uiteindelijk wel.

5 mei – Vanmorgen kwamen er artiesten op het pleintje zingen voor de bewoners. Emma genoot van de muziek vanuit haar kamer. Ze had om 19 uur haar jas aan gedaan. Daarvoor was ze erg druk in de weer met de medebewoonster. Ze wilde weg hier. Nadat ik met haar gesproken had ging ze naar haar kamer. Toen ik later ging kijken lag ze met de kleren aan op bed. Ik heb haar gezegd dat het misschien fijner is om het nachthemd aan te doen en onder de dekens te gaan liggen. Emma vond dit een goed plan. Ze slaapt nu.

Om 24 uur ging het alarm van de sensor af. Emma was juist de po aan het legen in de wastafel. Ze kon de po niet meer op de juiste manier terugplaatsen. Ik vraag me af hoe ze deze er via de achterkant van de stoel uit gekregen heeft. Ze heeft vannacht twee keer op de po-stoel geplast.

6 mei – Emma liep vanmiddag met haar tas in de huiskamer en wilde naar huis. Ze stond later op het terras en hield fietsers aan. Ze vroeg of zij de politie wilden bellen. Toen een medewerker dit zag, heeft ze Emma naar binnen begeleid. Later hebben we met haar gesproken en zijn meegegaan in haar beleving.

Emma is de rest van de avond rustig geweest. Ze heeft naar de coronapersconferentie gekeken op tv en vond dit erg interessant. Emma was vanavond zoekende, wilde naar een kamer waar de andere mensen waren maar wilde ook naar haar eigen slaapkamer.

7 mei – Emma was vanmiddag haar spullen in tassen aan het inpakken. Ze wilde naar huis. Ik heb even met haar gesproken. We hebben alle spullen weer uit de tassen gehaald en de tassen onder in de tv-kast gelegd. Verder was ze de hele dag goed te pas. Ze vroeg wel een aantal keer hoe ze naar huis kon maar was hier redelijk goed in te sturen.

's Avonds sloeg de stemming weer om en werd Emma onrustig. Ik heb haar naar haar kamer begeleid maar ze zei hier niet te willen slapen. Ze ging terug naar de huiskamer. Ik heb haar hier gelaten en eerst een andere bewoner naar bed gebracht. Ze kwam op de kamer toen ik met de zorg bezig was. Ik heb haar vriendelijk gevraagd om even te wachten buiten de deur. Toen ik klaar was wilde ik Emma gaan helpen maar kon haar nergens meer vinden. Ik heb alle toiletten en kamers nagekeken maar kon haar nergens vinden. Op het terras was ze ook niet en ik ben toen nogmaals alles nagelopen maar ze was niet te vinden. Ik ben nogmaals naar het terras gegaan en daar stond een stoel bij het hekwerk. Emma stond in de tuin met twee jongens. De jongens hadden al een telefoon in de hand om te bellen naar de politie. Ik heb Emma opgehaald en de jongens zeiden dat ze meteen in de gaten hadden dat ze verward was. Emma vertelde dat ze inderdaad over het hek was geklommen. Toen ze weer binnen was, was ze mij dankbaar want de jongens hadden haar vastgehouden en waren in haar ogen de boeman. De jongens waren echter erg behulpzaam en hebben goed gezorgd voor haar. Ik heb de jongens bedankt.

8 mei – Emma is vannacht twee keer op de po-stoel geweest. We hebben Emma de gps-tracker omgedaan. Ze vond dit geen probleem.

Emma zat veel buiten en keek somber voor zich uit. Ze zei bang te zijn om niet naar binnen te mogen en dacht alles verkeerd te doen. Later op de avond begon Emma onrustig te worden. Emma wilde naar huis. Een medewerker heeft haar meegenomen om te wandelen en dit deed haar goed.

9 mei – Er lag weer urine op de grond voor de po. Emma heeft de gps-tracker aan de riem van haar broek. Ze heeft vanavond een boekje gelezen in de huiskamer. De bewegingssensor staat onder de po-stoel bij de wastafel.

10 mei – Emma was zo snel met aankleden dat ik niet de tijd kreeg om schone kleren voor haar te pakken. Ik heb de bewegingssensor onder de po-stoel gezet. Emma vond het vervelend dat steeds het sensorlampje aanging op het kastje aan de muur.

Aan het einde van de middag werd Emma onrustig. Ze had allerlei spullen van de slaapkamer gepakt en wilde weggaan.

Ik heb de deuren op slot gedaan en haar naar de slaapkamer begeleid. Toen ik haar op een ander gesprek bracht zakte de onrust.

11 mei – Vanmiddag heeft Emma de woonkamer gezogen; ze vond dit erg leuk. Ze had de gps aan haar beha. Ze heeft niet gezegd dat ze naar huis wilde. Emma deed actief mee met een vragenspel.

12 mei – Emma zei vanmiddag dat ze naar huis wilde maar ze was hier goed vanaf te brengen.

Tijdens het avondeten vroeg een medebewoonster aan Emma of ze wilde gaan wandelen en later begonnen de twee te smiespelen. Ineens werd Emma boos en begon op een boze toon te praten. Ik vroeg haar wat er aan de hand was. Emma zei naar huis te willen. Ik ben mee proberen te gaan in haar beleving maar dit werkte niet. Emma zat erg sterk in haar beleving en was er moeilijk uit te halen en terug te brengen naar de realiteit. Ik heb haar even apart genomen naar haar slaapkamer. Hier heb ik geprobeerd haar te kalmeren maar dit werkte ook niet. Emma stond op en begon te schreeuwen tegen mij. Ik was een monster en een leugenaar, aldus Emma. Ik stond op om de kamer te verlaten. Ze liep achter mij en gaf me een duw in mijn rug.

Later kwam ze de huiskamer in en begon dingen op te ruimen; we hebben haar maar gelaten. Een collega heeft daarna met haar gewandeld en dit deed haar goed. Ik heb vanavond verder geen boos gedrag meer waargenomen. Emma liep zelfstandig naar haar slaapkamer, pakte mij vast en bedankte mij voor de goede zorgen.

13 mei – Emma werd vanmiddag uit het niets boos en wilde weg. Ze verhief haar stem en riep: *"Allemaal eruit hier, ik wil jullie hier niet meer zien."* Ik heb de terrasdeur op slot gedaan omdat ze dreigde over het hek te springen. Ze ging alle deuren

af. Ik heb haar even laten doen. Ze was even later op haar
kamer. Toen ik aanklopte en haar wilde uitnodigen voor het
avondeten, wilde ze eerst een glas naar mij gooien maar ze
deed dit gelukkig niet. Later kwam ze naar de huiskamer en
heeft rustig aan tafel gezeten en gegeten.

14 mei – Bij de sensoroproep om 5 uur in de ochtend bleek
dat de deur van Emma's kamer op slot was. De po-stoel stond
omgedraaid tegen de muur. Ze kon er dus niet op om te plassen.
De avonddienst heeft de po-stoel per abuis niet omgedraaid
en geen sensor onder de po gezet.
Emma liet zich vanmorgen goed helpen en was vriendelijk.
Na het ontbijt heeft Emma gekleurd met de medebewoners
en ze vond dit leuk om te doen. Na de warme maaltijd is ze
wat huishoudelijke taken gaan doen.

15 mei – Emma is vanmorgen verhuisd naar een andere afdeling. Ze was er rustig en tevreden onder en maakte al direct
contact met de nieuwe bewoners. Ze heeft vanavond goed gegeten en daarna nog gezellig meegedaan met een gezamenlijk
spel. Ze ging rond 21 uur naar haar kamer om zich nachtklaar
te maken. Emma bedankte mij voor de goede zorgen.

16 mei – Emma heeft vandaag veel op de gang gelopen en
ging bij verschillende bewoners naar binnen. 's Avonds genoot
ze van haar wijntje. Later wilde ze niet naar bed maar was op
zoek naar een deur om naar huis te gaan naar haar ouders.

17 mei – Emma zei voor de warme maaltijd dat ze naar huis
moest. Ik heb haar toch zover gekregen dat ze hier mee-at. Na
het eten zei ze opnieuw dat ze weg moest. Ik vertelde Emma
dat er was afgesproken dat ze hier woont. Ze werd daarna stil.
Toen ik zei dat ik zag dat het haar verdriet deed liep ze boos
naar de gang. Emma heeft vervolgens een tijdje buiten gezeten
en zit nu op haar kamer tv te kijken.

Emma zat om 23 uur in de huiskamer bij de televisie. Ik heb even met Emma gesproken en ze reageerde meteen boos en zei dat ze niet hier bleef en naar huis wilde. Ik heb haar een wijntje aangeboden en dit wilde ze wel. Ik heb haar verder met rust gelaten. Om 24 uur zei ze te willen slapen en ze had het niet meer over naar huis gaan.

18 mei – Emma heeft nog tot laat in de avond tv gekeken op haar kamer. Ze vond het prettig dat ik nog even kwam kijken of alles goed was. Ze was mild gestemd en zei nu naar bed te gaan.

19 mei – Emma was voortdurend bezig om weg te gaan. Uiteindelijk hebben we een duidelijk en goed gesprek met haar gehad wat voor rust zorgde. Ze was tot nu toe gezellig aanwezig.

Emma had in de avond nog tweemaal de drang om te vertrekken. Ze gaf alle medebewoners een hand en bedankte voor alle goede zorgen maar ze moest echt weg. Ik heb meerdere keren gesprekjes met haar gehad waarom ze hier is. Later in de avond zat ze op de gang met haar jas aan. Ik heb dit even zo gelaten. Daarna is ze naar haar kamer gegaan.

20 mei – Emma zei naar huis te willen gaan. Ze heeft vervolgens een rondje in de tuin gelopen en kwam weer in de huiskamer zitten. Ze heeft buiten de bloempotten schoongemaakt.

21 mei – Emma bleef erg vriendelijk en bedankte voor de goede zorgen. De hele ochtend is ze gezellig in de huiskamer geweest. Ze heeft gelezen en een spelletje meegedaan.

Tegen de middag kwam Emma van buiten en bedankte iedereen voor de goede zorgen en wilde vertrekken. Ik heb hier niet op gereageerd en wachtte even af wat ze nu ging doen. Ze heeft dan in de tuin een boekje gelezen.

24 mei – Emma is hele dag rustig aanwezig geweest. Om 22 uur zei ze naar huis te willen en pakte ze al haar spullen. Ze zit momenteel bij mij in de gezamenlijke huiskamer waar we gesprekjes voeren. Ze maakte zich zorgen om haar man omdat hij niet weet dat ze hier is. Emma zat om 23 uur op de gang en zei naar huis te willen. Een medewerker wilde ook naar huis maar was haar autosleutels kwijt. Het bleek dat Emma de sleutels had en ze wilde ze in eerste instantie niet afgeven. Na enkele minuutjes was ze toch bereid de sleutels terug te geven en werd door de medewerker naar haar kamer begeleid. Later in bed zei ze plotseling: *"Ik heb er nog eens over nagedacht maar wat ben ik net stom bezig geweest. Ik mag toch wel hier blijven? Sorry hoor."* Ik heb haar gerustgesteld en ze reageerde weer heel vriendelijk en dankbaar.

25 mei – Na het middageten wilde Emma naar huis. Ze bedankte me voor de goede zorgen maar moest nu echt gaan. Ze is toen even bij een andere woongroep geweest. Bij terugkomst ging ze rustig een krantje lezen in de huiskamer. Ze liet zich verder goed begeleiden en was vriendelijk.

26 mei – Vanmorgen heb ik Emma een vitaminetablet aangeboden. Ik twijfelde of ze deze heeft ingenomen. Toen ik vroeg of ze deze nog in haar mond had zei ze dat het wel goed kwam.

27 mei – Ik heb vandaag verschillende keren met Emma buiten gezeten. We hebben diverse gesprekjes gehad. Ook met de andere bewoners maakte Emma een praatje. Ze kwam ontspannen over.

's Avonds, toen de overige bewoners naar hun eigen kamer waren, sloeg haar gedrag om. Ze was zoekende, liep verschillende kamers in van medebewoners en is vervolgens op de gang in de hoek gaan zitten. Toen ik haar vroeg of ik haar kon helpen met iets, misschien nachtkleding aantrekken, reageerde ze in eerste instantie niet. Uit het niets sloeg ze plotseling met haar vuist op tafel. Ik schrok hier erg van. Emma kan onvoorspelbaar uit de hoek komen. Toen ik haar zei dat ik hier erg van schrok en dat er andere bewoners aan het slapen waren, zei ze dat het mijn schuld was als er iets zou gebeuren. Ik ben vervolgens bij Emma weggelopen en heb het voorval overgedragen aan de nachtdienst. Emma heeft later in de avond geen aandrang meer gehad om naar huis te gaan. Ze heeft gezellig met een wijntje buiten gezeten.

29 mei – Emma wilde naar huis. Ik heb haar uitgelegd dat dit erg lastig is. Ze had hier vrede mee. Ze heeft haar pyjama nog onder de kleren aan. Aangezien ze dit geen probleem vond, heb ik dit maar zo gelaten.

31 mei – 's Middags veranderde het gedrag van Emma. Ze wilde weg en vroeg aan medebewoners om hulp om over het hek te klimmen. Deze reageerden dat ze dat beter niet kon doen. Even later stond Emma op een stoel bij het hek met één been er al overheen. Een medewerker was er meteen bij. Even daarna zat Emma buiten te huilen. De medewerker is toen bij haar gaan zitten. Ze heeft het er daarna niet meer over gehad om weg te gaan. Een medewerker heeft vlug buiten enkele tijdelijke barricades gemaakt zodat ze niet meer zomaar over het hek kan klimmen.

Juni – Boosheid

2 juni – Emma zat de hele dag aan tafel. Ze is nu aan het lezen maar ze heeft ook zitten slapen. Verschillende medewerkers zijn gaan kijken waar Emma over het hek is geklommen.

4 juni – Vanmiddag had Emma bezoek van haar zoon. Na het vertrek ging het goed met haar maar tegen 17 uur liep ze ineens naar buiten om te kijken waar ze over het hek zou kunnen. Ze merkte dat ze er niet over kon en vroeg mij wie die barricades had geplaatst. Ik heb geantwoord dat ze er ook niet uit hoeft omdat ze hier woont. Ik verwees naar het gesprek met haar zoon. Ze werd toen wat emotioneel en was even in de war. Eenmaal in de huiskamer heeft ze met smaak gegeten en ze leest nu gezellig een boekje.

6 juni – Emma zei dat ze naar het station moest. Ze vroeg zich af welke deur je het beste kon nemen. Ze zou dan liftend naar het treinstation gaan. We hadden het er een moment daarvoor over gehad. Emma zou daarna naar huis gaan. Toen ik vertelde waar ze nu was, was ze even gerustgesteld. Ze is nog even naar buiten gegaan. Emma heeft nog tot 24 uur tv gekeken in de huiskamer. Ik heb haar daarna naar haar kamer begeleid. Ze wilde op haar man wachten.

13 juni – Emma heeft gezellig in de tuin gezeten met een medebewoner en ze hadden leuke gesprekjes met elkaar. Na het avondeten hebben we een spelletje gedaan en daar genoot ze van: *"Erg leuk zo"* was haar reactie.

17 juni – Emma raakte in de avond emotioneel van een medebewoner die aan het schreeuwen en huilen was. Emma trok zich terug op haar kamer. Toen ik naar haar toe ging zag ik dat ze ook gehuild had; ze vertelde me ook dat ze dit erg zielig vond voor die persoon.

18 juni – Emma was vannacht één keer te laat bij het toilet en had op de grond geplast. Toen ik haar vanmorgen wilde helpen werd ze net wakker. Ze was helemaal bezweet. Het was ook erg benauwd op haar kamer. Het verdere verloop van de dag was prima. Een medewerker bood aan om haar haren te vlechten en dit vond ze helemaal fantastisch.

Emma reageerde erg achterdochtig op een medebewoner die tegenover haar zat in de huiskamer. Ze vertrouwde het niet en wilde naar huis. Ze verhief haar stem en was erg boos: *"Wij moeten haar naar buiten laten, en laten gaan."* Emma verwachtte haar echtgenoot die volgens haar terugkwam van een vlucht. Ze werd steeds bozer en wilde de politie bellen maar ze ging uiteindelijk op de gang zitten. Ik heb haar even met rust gelaten want ze werd alleen maar bozer op ons. Ze gooide de deur van de huiskamer zo hard dicht dat de schilderijen van de muren vielen.

Ik ben later naar haar terug gegaan. Ze lag op de bank in de huiskamer met een snee peperkoek omdat ze honger had. Ik vroeg of ze niet liever in haar eigen bed wilde rusten en dit vond ze goed. Ik heb haar naar haar kamer begeleid. Ze was vriendelijk en zei enkele malen dat ze eerder in de avond verkeerd had gereageerd en hier spijt van had. Ze zei: *"Ik weet ook niet wat me bezielde."* Ik heb Emma nog een glaasje sap gegeven om de peperkoek weg te spoelen. Ze ging naar bed en zei wederom: *"Ik begrijp niet waarom ik soms zo doe. Ik word hier namelijk altijd goed verzorgd."*

21 juni – Emma heeft een tijd bij een andere woongroep doorgebracht. Ze maakte een tevreden indruk. Gisteren schreeuwde ze vanuit het niets dat we eens wat rustiger moesten zijn.

25 juni – Emma heeft langer in bed gelegen dan anders. Tegen 10 uur kwam ze aan het ontbijt. Ze heeft de laatste dagen niet meer gesproken over naar huis gaan. Hopelijk is er acceptatie ontwikkeld. Emma was goedgemutst vandaag.

27 juni – Opvallend was dat Emma door de dag heen veel sliep, zowel binnen aan tafel als buiten. In 't begin van de opname was dit niet aanwezig.

30 juni – Emma nam in eerste instantie haar vitaminetablet niet in maar stopte deze onder haar horlogebandje. Toen ik haar hierop aansprak nam ze de tablet zonder problemen alsnog in.

Emma werd vanmiddag uit het niets boos op een medebewoner waarop deze ook boos op Emma reageerde. Emma begon te schreeuwen en te schelden. Ik heb haar met moeite hiervan af kunnen leiden en tot rust kunnen brengen.

Emma is na 23 uur zelf naar haar kamer gegaan. Toen ik bij haar ging kijken dacht ze dat ik bezoek was. Ze liep weer met me mee naar de huiskamer en wilde wat te drinken voor me pakken. Ik heb haar bedankt voor de hulp en heb gezegd dat het me verder wel ging lukken.

Juli – De uitgang

1 juli – Emma was vanavond opnieuw aan het ruziën met een medebewoner. Toen ik zei dat het klaar was liep ze mee naar de kamer. Ik heb haar begeleid met haar pyjama aandoen maar haar broek mocht niet uit. Ze ligt nu in bed. Ik heb nog een luisterend oor geboden want ze werd emotioneel.

2 juli – Emma was haar haren aan het vlechten en wist de weg naar de huiskamer goed te vinden. Maar 's middags vraagt ze toch weer waar het toilet is. Emma was vriendelijk en bedankte voor de hulp. 's Avonds lag Emma met haar kleren aan in bed. Ik heb de gordijnen dicht gemaakt en haar in haar pyjama geholpen. Ze zei pijn in haar rug te hebben en dat was ook te zien. Ze wist zelf ook niet hoe het kwam. Ze kreeg hiervoor paracetamol.

3 juli – Emma's zoon vertelde dat ze vorige week is gevallen tijdens het wandelen buiten. Ze heeft geen zichtbaar letsel. Misschien dat ze daardoor nu pijn heeft aan haar rechterzij? Ze had gisteren en vanmorgen ook pijn aan haar rechterborst. Ze zei dat het voelde alsof iemand haar een stomp had gegeven. Ze hoefde hiervoor geen pijnstillers.

4 juli – Emma zat al heel vroeg in de ochtend helemaal aangekleed in de huiskamer. Ze zei pijn in haar borst te hebben en vroeg of hier een arts is. Ik heb gezegd dat hier een arts is en dat er maandag contact met haar opgenomen wordt. Dit stelde haar gerust. Emma vroeg om een stoffer en blik omdat ze haar plantje op haar kamer weg had gegooid. Het plantje was verdroogd en er lag overal potgrond op de vloer. Ze raakte voortdurend het stoffer en blik kwijt en wist niet meer waar ze het gelaten had terwijl het toch in haar zicht stond. Ze leek er opgewonden van te raken.

5 juli – Emma klaagde vanmorgen wederom over pijn aan haar rechterborst. Ze vroeg ditmaal nadrukkelijk om paracetamol. Vanmiddag vroeg Emma waar ze naar buiten kon want ze moest dringend naar huis. Ze begreep ook niet waarom ze hier was en waarom niemand haar hierover had geïnformeerd. Ze was niet gelijk overtuigd door wat ik vertelde maar even later leek ze wat te berusten.

6 juli – Emma zei weer veel pijn in haar borst te hebben. Ze omschreef het als pijnlijke steken die steeds door haar borst gaan.

7 juli – Emma had pijn in haar rechterborst maar er is niks aan te zien. Ze heeft vooral last bij inspanning. Paracetamol had een goed effect. Emma is een week terug voorover gevallen maar toen waren er niet direct klachten.

8 juli – Emma had woorden met een medebewoner die vond dat Emma op haar plek zat en was hier boos om. Ze wapperde toen zachtjes met de knuffelbeer tegen de medebewoner.

Emma had 's middags drang om weg te gaan. Een medewerker is even met haar door de tuin gelopen. 's Avonds heb ik haar mogen helpen bij het omkleden voor de nacht. Ze had twee hemden, drie shirts en twee blouses aan.

9 juli – Emma zei vroeg in de avond hier niet langer te willen blijven en naar huis te willen gaan. Ze begreep dat ik haar vanavond niet meer kon wegbrengen maar vroeg me wel of ik misschien een andere oplossing wist. Een medewerker heeft Emma een handmassage gegeven en heeft daarna haar nagels gevijld. Ze heeft het daarna niet meer over naar huis gaan gehad.

10 juli – Emma gaf aan zich onrustig te voelen. Ze zei graag naar huis te willen want haar man was thuis. Hij was net terug van een vlucht en ze had hem al een poos niet gezien. Ze voelde zich opgesloten. Ik heb toen even bij haar gezeten. Emma loopt nu rond op de afdeling; ze is zoekende.

13 juli – Bij aanvang van mijn dienst had Emma bezoek maar niemand wist wie dit was. Ze was erg overstuur daarna en wilde naar huis. Ze had een vreselijk verhaal gehoord van deze kennis. Volgens Emma zijn haar beide ouders doodgeschoten en leeft er niemand meer van haar broers en zussen. *"Hoe vreselijk in deze tijd"*, zoals ze zei. Emma werd tijdens het vertellen ook emotioneel. Uiteindelijk is ze in de tuin gaan zitten en leest ze nu een boekje. Emma heeft gezellig aan tafel gegeten en genoot van het buiten zijn. De drang om weg te gaan is momenteel niet aanwezig. Emma was verder in de avond gezellig en rustig. Ze heeft nog een wijntje buiten gedronken en genoot van de vogeltjes.

16 juli – Emma vroeg tot viermaal toe waar de uitgang was om naar huis te gaan. Ze was in eerste instantie hier moeilijk van af te leiden. Later in de morgen heeft ze het er niet meer over gehad en was heel relaxed.

's Middags had Emma heimwee naar huis en opnieuw drang om weg te gaan. Ze liep na de lunch over de afdeling met haar jas aan en bedankte iedereen. Een medewerker zei dat ze al eens over het hekje is geklommen. Ik probeerde haar wat af te leiden met een praatje. Ze bleef echter volhouden naar haar ouders te willen.

17 juli – Emma heeft tot na de middagmaaltijd aan tafel gezeten. Daarna nam de onrust toe. Emma liep, met haar vest aan en twee tassen om haar schouders, te zoeken naar de uitgang. Ze zei dat ze met haar ouders heeft afgesproken en dat ze op haar aan het wachten zijn. Ik heb haar geprobeerd gerust te stellen maar dit lukte niet. Emma werd ook emotioneel en ging andere bewoners hierover aanspreken. Ik ben ter afleiding met Emma gaan wandelen in de tuin. De wandeling vanmiddag heeft geholpen. We hebben gekletst over vroeger en dit vond ze fijn. Ze werd hierdoor afgeleid en lag de focus niet meer op het naar huis toe gaan. Na ongeveer een kwartiertje ging ze weer mee naar binnen om een kopje koffie te drinken.

19 juli – Emma heeft zich goed vermaakt vandaag. Ik heb geen problemen gezien. 's Avonds was ze erg moe van het bezoek van haar vriendin vandaag. Ze heeft hier wel van genoten. Ze hebben buiten gewandeld en daar kwam ze erg vermoeid van terug. Emma liep helemaal voorover en stond wankel op haar benen. Ze wilde op tijd naar bed.

21 juli – Emma vroeg waar ze naar buiten zou kunnen om op de weg te komen. Ze ging buiten met mij een gesprek aan. Ze wilde hier absoluut weg en vroeg zich af waarom wij haar hier vasthielden, zoals ze zei. Ze wilde naar huis terug naar haar man en haar ouders. Wat ze vertelde was een herhaling. Emma werd tijdens het gesprek ook wat emotioneel en voelde zich ontreddard. Tijdens het gesprek kwam ik er moeilijk tussen want ze was sterk van mening dat haar ouders haar nu nodig hebben.

22 juli – Emma heeft vroeg in de middag bezoek gehad van haar kleindochter. Ze hebben een korte wandeling gemaakt. Toen de kleindochter weer weg was, wilde Emma erachteraan en vroeg de medebewoners of ze wisten door welke deur ze naar buiten was gegaan. Emma had ontzettende onrust en was boos en verdrietig. Ik heb een tijd met haar zitten praten maar het had weinig effect. Maar later ging het toch iets beter met haar. Ze is nu rustig en zit gezellig met de buurvrouw te kletsen.

23 juli – Emma liep met haar tasjes en dikke vest op de gang en vroeg of ik wist waar het station was. Ik ben even met haar ergens gaan zitten en kon haar wat afleiden. Toen kreeg ze bericht van haar kleinzoon. Hij komt vanmiddag op bezoek. Emma was weer blij. Emma was emotioneel en zei sinds langere tijd ineens weer pijn onder haar borst te hebben. Ze heeft paracetamol gekregen. Haar kleinzoon en zijn vriendin zijn op bezoek geweest en ze hebben buiten gewandeld. Emma leek er beter van want ze was na het bezoek heel relaxed. Ze genoot 's avonds gezellig van een wijntje en een zoutje.

24 juli – In de ochtend liep Emma al aangekleed op de gang. Ze had haar nachthemd over haar kleren aan. Ik heb aangeboden om haar even te helpen maar ze wilde het nachthemd per se aanhouden. Emma zat vanmorgen huilend buiten aan de tuintafel. Ze kon niet aangeven waarom ze zo'n verdriet had. *"Het komt ineens"*, aldus Emma. Ik heb een luisterend oor geboden en dit vond ze fijn.

25 juli – Gelijk bij aanvang van mijn dienst zei Emma weg te willen en vroeg me waar ze hier uit kan. Ze zei dat het een belachelijke instelling is en dat je hier nooit meer weg kan. *"Vreselijk"*, zoals ze zegt. Emma was vanmiddag weer onrustig. Ze wilde naar haar ouders. Ik heb even met haar op de gang gezeten en samen zitten kletsen. Daarna bedankte ze mij. Ze zat later aan de koffie bij de andere woongroep. Emma's gedrag om weg te willen neemt steeds meer toe. Ze wordt er ook regelmatig verdrietig van. Maar Emma was in de avond gezellig aanwezig en had geen wegloopdrang. Ze heeft heerlijk buiten gezeten en geluisterd naar de vakantieverhalen van de partner van een medebewoonster.

26 juli – Vroeg in de ochtend en na de lunch was Emma erg verdrietig en wilde echt naar haar ouders. Ik vind het zorgelijk dat Emma steeds vaker geëmotioneerd raakt en zich dan terugtrekt op haar kamer. Geen goede ontwikkeling.

's Middags genoot Emma van de barbecue maar terug bij de woongroep werd ze wat onrustiger. Ze liep wat heen en weer op de gang en buiten in de tuin. Later trof een medewerker haar erg verdrietig aan. Emma was in tranen. Ze geeft aan hier niet te willen zijn. *"Als ik hier moet blijven, hoeft het voor mij niet meer"*, aldus Emma. Ik heb haar een luisterend oor geboden.

27 juli – Emma zei weer pijn te hebben bij haar rechterborst. Ze heeft hiervoor paracetamol gehad. Ze had vanavond alle keukenkastjes open gedaan en stond te eten uit de chocoladepastapot.

28 juli – 's Middags werd Emma onrustig. Ze wilde naar huis en merkte dat ze nergens naar buiten kon. Een uur later was ze bij de andere woongroep en de rest van de dag heeft ze geen onrust getoond. Ze werd wel nog even boos omdat zij aanspraak maakte op haar eigen plek aan tafel.

30 juli – Emma nam vanmiddag afscheid in de huiskamer en zei naar huis te gaan. Toen ze weer terugkwam was ze licht geërgerd omdat ze er nergens uit kon. Toen heb ik even met haar in de tuin gelopen en over verschillende dingen gesproken. Vervolgens hebben we lekker buiten gezeten. Ze heeft het niet meer over naar huis gaan gehad.

31 juli – Emma dacht vanmorgen dat haar broer bij haar aan de deur was. Ze vond dit niet leuk en was zelfs een beetje boos. Ik heb haar geholpen met aankleden en heb haar af kunnen leiden. Ze had wat last van haar ogen. Ik heb deze schoongemaakt met wat gekookt water. Emma zat om 23 uur nog rustig een verhalenboekje te lezen in de huiskamer.

Augustus – Aangezichtspijn

3 augustus – Emma zat nog in haar nachtkleding op haar bank. Ze was niet echt opgewekt en had geen zin om te douchen. Ze heeft de hele ochtend geslapen aan de tafel in de huiskamer.

4 augustus – Vanmorgen was Emma onrustig en boos omdat een medebewoner bij haar aan de deur heeft staan rammelen.

5 augustus – Emma werd vanmorgen in alle vroegte weer gewekt door haar buurman. Ze was hier niet over te spreken. In eerste instantie vond ze het vervelend dat ik haar kwam helpen maar eenmaal onder de douche vond ze het fijn.

14 augustus – Emma is bij de andere woongroep geweest. We hebben beweegoefeningen gedaan. Ze was er goed in en de afleiding deed haar goed.

19 augustus – Emma heeft vanmiddag genoten van de livemuziek in de tuin. Ze was verder rustig en leek beter te berusten in de situatie.

23 augustus – Emma werd vroeg in de avond onrustig en wilde weg. Ik heb haar aangehoord en gezegd dat ik haar gevoelens begreep. Ik vroeg of ze met me mee wilde naar de eetkamer. Dit vond ze leuk en haar weglooopdrang verdween.

25 augustus – Emma liep al vroeg aangekleed op de gang en zei erge pijn aan haar kies te hebben. Niet voortdurend, zoals ze zelf zegt, maar steeds scheuten van pijn. Ik heb haar paracetamol gegeven. De pijn leek daarna wat af te nemen. Vroeg in de namiddag huilde Emma van de pijn. Ik heb haar opnieuw paracetamol gegeven en heb contact met de verpleegkundige opgenomen. Later was ze met haar tas en jas in de hand op zoek naar de uitgang.

26 augustus – De tandarts is geweest om Emma's kiespijn te onderzoeken maar hij kon niets vinden. Wanneer ze morgen nog klachten heeft zal er een röntgenfoto van haar kaak gemaakt worden. Ondanks de tandpijn heb ik Emma vannacht niet gezien.

27 augustus – Emma had vroeg in de ochtend weer kiespijn en ik heb haar paracetamol gegeven. Tijdens de lunch kwam het weer opzetten en toen heb ik haar weer paracetamol gegeven. De tandarts komt morgenvroeg een röntgenfoto maken om te zien wat er aan de hand is. Emma zei vanmiddag en het begin van de avond nog erg veel pijn te hebben aan haar mond. Eten ging moeizaam maar ze heeft wel alles opgegeten.

28 augustus – Een medewerker belde vanwege de pijnklachten aan Emma's mond. Ze vroeg of er een andere pijnmedicatie gestart kan worden omdat de paracetamol onvoldoende effect heeft. Emma gaf tijdens het naar bed gaan ook nog flinke tandpijn aan.

28 augustus – De tandarts is geweest en heeft röntgenfoto's gemaakt maar er waren geen bijzonderheden te zien. Emma heeft wel last van tandsteen en had veel pijn tijdens het verwijderen daarvan. Ze moet dus beter haar tanden poetsen. Er is voorgesteld om een elektrische tandenborstel aan te schaffen maar dit wilde ze niet. Emma verstopt steeds haar spullen (o.a. haar tandenborstel) dus moeten we de spullen terug in de aanrechtkast leggen.

Emma kreeg vanmiddag bezoek van haar zoon. Zijn echtgenote vertelde dat Emma een aantal jaren geleden ook pijn in het gezicht had. Dit was toen 'aangezichtspijn'. Ik zal maandag hierover contact met de arts opnemen; tot die tijd krijgt ze nog viermaal daags paracetamol.

29 augustus – Emma had veel pijn in haar wang en mond. Ze kon bijna niet meer praten en kreeg paracetamol. Bij het drinken liep er water uit haar mond. 's Middags zei Emma pijn te hebben en 's avonds vroeg ze weer om paracetamol. Na de paracetamol heb ik haar niet meer gehoord over pijn in haar gezicht.

30 augustus – Emma zat vanmorgen in de huiskamer in de stoel te slapen. Na het ontbijt heb ik haar geholpen met douchen en aankleden. Ze zei in eerste instantie dit niet zo prettig te vinden door de pijn in haar gezicht. Tijdens het douchen zei ze dat het wel lekker warm was. Emma zit nu in de huiskamer. Ze genoot van de barbecue. Ze heeft nog even buiten staan kijken hoe ze aan het grillen waren. Ze kreeg vanmiddag paracetamol en voor vanavond liggen ze al klaar. Ik heb geen pijnklachten meer gehoord.

31 augustus – De pijn in Emma's rechterwang was nog steeds aanwezig. Het waren pijnscheuten en ze had er zichtbaar veel last van. De arts komt vandaag bij haar langs. Vanmorgen en vanmiddag heb ik Emma paracetamol gegeven tegen de pijn. Ze had moeite met het innemen van de medicatie door de pijn in haar wang, kaak en mond.

De arts is vanmiddag bij haar geweest en gaf de diagnose 'aangezichtspijn'. Zes jaar geleden heeft ze dit ook gehad en is toen door een neuroloog behandeld. De huisarts heeft toen medicatie voorgeschreven en deze schreef onze arts nu ook voor.

September – Emma is jarig

2 september – De medicijnen voor Emma's aangezichtspijn blijken effect te hebben. Ze gaf dit zelf ook al aan. Gelukkig.

5 september – Emma deed actief mee met liedjes zingen. Toen we hiermee stopten viel ze in diepe slaap aan tafel. In de avond heb ik haar naar bed geholpen. Ze zei dat het bed erg lekker lag.

7 september – Vanmorgen zat Emma op haar bank met haar kleren in haar hand. Ze zei niet te weten wat ze ermee aan moest. Ik heb haar hulp aangeboden en ze vond dit fijn.

8 september – Emma is vandaag jarig. Ze wordt 82 jaar. PROFICIAT!!!

9 september – Emma heeft vandaag samen met de bewegingscoach gefietst. Ze deed fanatiek mee en hield dit goed vol. Emma was verder rustig en sliep veel.

10 september – Emma heeft vanmorgen niet aangegeven dat ze pijn had in haar gezicht. Ze was goed wakker. Ze heeft met een medewerker en een paar andere bewoners een rondje buiten gelopen.

13 september – Emma's zoon en kleinkinderen kwamen op bezoek en ze hebben heerlijk buiten gezeten.

15 september – Na het ontbijt hielp Emma mee met de afwas. Hoewel ik haar haren niet mocht doen, was ze in goeden doen vanmiddag. Ze liep van de ene naar de andere woongroep en zocht contact met de andere bewoners. Ecn momentje kreeg ze drang weg te moeten maar dit was na enkele minuten weer uit de wereld.

16 september – Emma was zoekende naar een uitgang. Ze was met een jampot in de tuin aan het graven.

17 september – Emma zat met haar jas aan in de huiskamer. Ik heb haar verschillende keren gevraagd om even haar jas uit te doen en zich wat op te frissen. Ze wilde dit niet, dus heb ik het maar zo gelaten. De mondhygiëniste is vanmiddag geweest. Emma liep vanmiddag weer met haar jas aan over de gang. Ze zei dat ze naar huis ging. Een medewerker heeft de verjaardagsbloemen van Emma gekregen die op haar kamer stonden. Ze kwam tevreden over maar wilde wel graag naar huis. Ik heb met haar op haar kamer gezeten. Ze zei dat ze met iemand wilde meerijden die ook die kant op moest. Ik antwoordde dat ik ging navragen of er iemand die kant op ging. Emma ging mee naar de huiskamer en vervolgens heeft ze niet meer gesproken over naar huis gaan. Met het eten zei een medebewoner dat Emma haar jas moest uitdoen. Ze deed dit toen.

18 september – Emma stond vroeg in de morgen op de gang en zei dat ze haar kleinkinderen aan het zoeken was want ze moest op hen passen. Ik heb tegen haar gezegd dat het nog vroeg is, dat het nog donker is en dat ze zo vroeg niet komen. Ik heb haar van haar gedachten kunnen afhalen en ze ging weer op bed liggen.

Emma zei geen pijn meer in haar gezicht te hebben. Met de medicatie lijkt dit nu veel beter te gaan. Na het avondeten was Emma alle verjaardagskaartjes die haar zijn toegestuurd aan het lezen.

19 september – Emma heeft vandaag veel buiten gezeten en heeft genoten van het gezelschap. 's Avonds vertelde ze mij een heel onsamenhangend verhaal over een man. Ik heb dit gewoon aangehoord.

20 september – Emma heeft zich aangesloten bij de andere woongroep en heeft daar ook ontbeten. Haar zoon en zijn echtgenote zijn heerlijk aan de Maas geweest vanmiddag. Emma had een fijne dag.

23 september – Emma heeft een gezellige middag gehad. Ze genoot van de nieuwe bewoonster en kon gezellig met haar praten. Ze hebben naar muziek geluisterd en een spel gedaan wat ze heel fijn vond.

27 september – Emma liep om 23 uur met twee dozen mondkapjes over de gang. Ze had deze meegenomen uit de kast in de huiskamer. Later lag ze al te slapen. De mondkapjes stonden onder in haar aanrechtkastje.

30 september – Het was opvallend hoe Emma verhalen groter maakte dan ze echt zijn en dat ze er van alles bij fantaseerde.

Oktober – Begin van berusting

1 oktober – Deze morgen was Emma niet zo goed gestemd en wilde niet geholpen worden.

2 oktober – Emma heeft tijdens het wandelen in de tuin een dood vogeltje in de zak van haar vest gestopt. Ze wilde haar vest niet uittrekken. We hebben later het roodborstje samen begraven in de tuin. Ze waardeerde dit enorm.

5 oktober – Emma heeft het fijn gehad tot na de avondmaaltijd. Ze sprak een medewerker aan voor een telefoon om naar haar vader te bellen. Ze werd toen erg verdrietig. Eenmaal op haar kamer zakte de emotie en heeft ze lekker tv gekeken.

7 oktober – Emma was wat gedesoriënteerd in plaats en tijd. Ze wilde niet naar bed. Toen ze eindelijk op haar kamer was, zei ze dat ze nog niet heeft gegeten. Ik heb Emma een beschuitje met jam en een kopje koffie aangeboden.

8 oktober – Emma had haar pyjama over haar rok aan. Ik heb voorgesteld iets anders aan te doen en dit vond ze goed.

9 oktober – Emma was op zoek naar een zuster. Ze kreeg een kopje koffie en vond het gezellig om bij elkaar te zijn. Ze was opgewekt en vriendelijk. Toen ze in de huiskamer kwam zei ze dat ze het fijn vond haar vriendinnen weer te zien. Emma had vanmiddag bezoek van vrienden. Na het bezoek bleef ze wat onrustig. Ik heb toen even met Emma buiten gezeten. Ze bleef zeggen dat ze naar huis ging. Voor het eten leek ze weer wat rust te hebben.

10 oktober – Emma had geen rust tijdens de broodmaaltijd. Ze zei naar huis te moeten omdat ze thuis op haar aan het wachten waren. Verschillende keren bedankte ze ons en wenste ze ons een fijne dag verder. Ze raakte geïrriteerd omdat ze de deur niet kon vinden. Ik ben met haar naar buiten gelopen en heb met haar een rondje om het gebouw gelopen. Ze zei de weg niet goed te weten. Toen we het gebouw weer binnen kwamen, liep ze gelijk naar haar kamer en naar het toilet. Ze kwam vervolgens terug in de huiskamer zitten. Ze zei niet naar huis te willen maar kwam wel neerslachtig over.

Ondanks dat Emma bezoek had van een vriendin, wilde ze haar vader bellen. Eenmaal bij het avondeten was alles weer goed. Ze was rustig en leek tevreden.

12 oktober – De tandarts is vanmiddag geweest en adviseerde een zachtere tandborstel. Verder hebben ze haar geleerd hoe ze met de ragertjes om moet gaan en dit ging perfect. De familie heeft tandenborstels en ragertjes meegenomen. Emma kan deze spullen gaan verstoppen dus in de ochtend moet ze hiermee begeleid worden en dan de tandenborstel weer opbergen.

15 oktober – Ze vond het maar niets dat ik haar vanmorgen kwam helpen. Ze was ook kortaf naar andere bewoners toe. Na het ontbijt heb ik opnieuw geprobeerd haar te verzorgen. Haar benen waren erg droog en ik heb deze met Nivea ingesmeerd. Ze heeft vervolgens haar tanden gepoetst. Hierna was ze weer wat vrolijker gestemd. De gps-tracker wilde ze niet om.

16 oktober – Emma wilde de gps weer niet om en vond dit maar onzin. Ze wist niet waar ze heen moest toen ze naar toilet moest. Eenmaal op haar kamer herinnerde ze het zich wel. Ze heeft genoten van de Sprookjes van Grimm.

20 oktober – Emma zei niet te weten in welke volgorde de kleren aan moesten. Ik heb samen met haar de verdorde bos bloemen weggedaan. Ze was vriendelijk en dankbaar.

22 oktober – Emma's vriendin heeft gebeld om te vragen hoe het met haar gaat. Ze lag vanavond met haar kleren nog aan in bed. Ik heb haar in haar pyjama geholpen. Ze was heel erg dankbaar.

24 oktober – Emma is er de laatste tijd een stuk beter aan toe. Ze loopt niet meer rond met haar jas aan zoekend naar een uitweg.

27 oktober – Emma had tijdens het middageten een woordenwisseling met een medebewoonster. Ze schreeuwde hard van zeer dichtbij tegen de medebewoonster. Ik heb dit kunnen sturen en sussen.

29 oktober – Emma was geagiteerd toen ik vroeg of ik haar mocht helpen. Ik heb Emma toen met rust gelaten omdat ze nog meer geagiteerd raakte. Later heeft een andere medewerker haar zonder problemen kunnen helpen. Ze was om 23 uur nog gezellig André van Duin aan het kijken op de tv in de huiskamer en ze genoot hier zichtbaar van.

30 oktober – Emma is wat minder goed gestemd de laatste dagen. Ze heeft veel zitten slapen aan tafel. Ze heeft vanmiddag gezellig met medebewoners een vraagspelletje gedaan. Ze vond dit fijn. Emma was goed wakker en gezellig aanwezig.

November – Het coronavirus

2 november – De zorgclown is vanmorgen bij het raam op visite geweest. Emma zat hier met de rug naartoe maar was nieuwsgierig wat er allemaal gebeurde. Ze reageerde leuk op de clown. Af en toe draaide ze er weer met de rug naartoe maar werd er ook weer vrolijk van wanneer de zorgclown contact met haar maakte.

Toen ik vanmiddag weer bij haar op de kamer ging kijken, was Emma erg overstuur. Haar tas was kapot en ze kon haar paspoort niet vinden. Ik heb haar toen een andere tas van haar gegeven zodat ze haar spullen daarin kon doen. In de gezamenlijke huiskamer hebben we even later over de herfst en paddenstoelen gesproken. Hierdoor leek ze weer wat te ontspannen.

3 november – Emma heeft vanmiddag actief deelgenomen aan een kaartspel en genoot hiervan. Er was even wat onrust net voor het avondeten maar dit was van korte duur en goed te begeleiden.

4 november – Toen ik vanmorgen Emma hielp, vroeg ze of ze iets fout had gedaan. Ik denk dat ik haar het gevoel gaf dat ze het zelf niet kon. Ik zei dat ik haar erg graag hielp en gaf haar complimenten dat ze het allemaal zo goed kan.

Emma heeft vanmiddag geholpen met het schoonmaken van de kooi van de cavia. Ze genoot hiervan. Daarna is ze nog samen met een medewerker naar buiten geweest voor een wandeling.

5 november – Emma weigerde de griepinjectie. Ze zei eerst met haar ouders te willen overleggen wat zij hiervan vonden. Ze was niet op andere gedachten te brengen. Volgende week proberen we het opnieuw en anders accepteren we dat ze de vaccinatie niet wil. De vriendin van Emma uit Friesland belde en komt graag bij haar op bezoek.

7 november – Emma wilde niet naar bed en is tot 2 uur vannacht wakker gebleven. Ze lag daarna op de bank te slapen tot 3.30 uur. Ik heb haar weer naar bed geholpen maar ze was om 5.30 uur alweer op. Omdat ze weinig heeft geslapen, heb ik haar laten liggen tot 10 uur. Vervolgens heb ik haar eerst laten ontbijten. Ze neigde gelijk weer in slaap te vallen. Ik heb haar gevraagd om haar even te verzorgen wat ze gelijk prima vond: *"Wat moest ik toch als jij er niet was"*, was haar antwoord. Emma bleef goed wakker en wist dat er bezoek kwam.

8 november – Emma zat vanmorgen in haar nachthemd op haar bank. Toen ik aanbood om haar te helpen reageerde ze geërgerd. Ik ben op een later moment weer naar haar toegegaan om haar te helpen. Ze liet dit toen wel toe. Ze heeft vanmorgen veel geslapen in de gezamenlijke huiskamer. Ze heeft vanmiddag een spel gespeeld en na het avondeten ging ze naar haar kamer.

12 november – Emma heeft vanmiddag gezellig een spel gespeeld samen met een medebewoner. Ze was verder flink met haar kapsel in de weer: vlechten erin, en toen de vlechten er weer uit, borstelen, opnieuw vlechten en zo verder. Ze was wat neusverkouden.

13 november – Emma zat vanmorgen in haar nachthemd op de bank. Ze had het koud. Ik heb haar gevraagd om haar te helpen met aankleden en dit vond ze een goed plan. Het leek dat ze niet goed wist hoe en waar te beginnen. Ze bedankte me voor de fijne zorg.

14 november – Emma stond vanavond om 21.30 uur bij een medebewoner bij een andere woongroep in de kamer. Toen

ik haar vertelde dat het niet haar kamer was, werd ze erg on-
aardig. Ik heb haar hierop aangesproken en uitgelegd dat dit
een andere afdeling is dan waar zij woont. Ze kwam me uiteindelijk achterna richting haar eigen woongroep.

18 november – Emma is vandaag positief getest op het
coronavirus. Ze is vanmorgen tijdelijk overgeplaatst naar een
andere woongroep. Ze was rustig en trok veel op met een
medebewoner. Ze leek geen hinder te hebben van de verhuizing.
Ze at en dronk goed maar gaf wel aan dat het anders smaakte
allemaal. Emma maakte geen zieke indruk en zei nergens last
van te hebben. Emma knuffelde vaak met de nieuwe knuffelkat
op batterijen. Ze was rustig aanwezig.

's Avonds liep Emma geregeld rond en ging bij andere bewoners naar de kamer. *"Puur uit nieuwsgierigheid"*, zoals ze zelf
zei. Ze was van slag omdat ze niet op haar eigen afdeling was.
Ze was zoekende naar haar eigen spulletjes in haar kamer. Ze
kon na ongeveer een half uur wel wat gerustgesteld worden
maar bleef wat angstig. Ik heb haar proberen te ondersteunen
en gerust te stellen.

19 november – Emma zei zich niet ziek te voelen. Ze was
ontspannen en wekte geen zieke indruk. Ze was opgewekt
en vrolijk aanwezig. Ze kon het goed vinden met de nieuwe
medebewoners. Ze was blij met de geboden zorg vanmorgen.
Ik heb Emma gezegd dat we vanmiddag de huiskamer gaan
poetsen en dat iedereen naar zijn kamer moet om te rusten.
Ze vond dit een goed idee. Even later ging ik bij haar kijken.
De deur had ze op slot gedaan. Ze zat een tijdschrift te lezen
in haar luie stoel. Ze had geen lichamelijke klachten en voelde
zich goed. Ze at en dronk zoals normaal.

20 november – Emma was vanmorgen erg vermoeid en viel
tijdens het bekijken van een boek steeds in slaap aan de tafel in
de huiskamer. Ze zat vanmiddag met de knuffelpoes op schoot.

Ze snapte niet dat er een labeltje aan het vachtje zat. In haar beleving was het een echt dier. Ze ging hier mooi mee om.

21 november – Vanmorgen is Emma gezellig langs de kamers gegaan van de andere bewoners om een praatje te maken. Daarna heeft ze een vlinderboek bekeken. Ze vond dit erg mooi. Na de lunch heeft ze wat gerust op haar kamer. Emma viel regelmatig in de stoel in slaap maar uitte zich niet ziek. Haar ademhaling was soms hoorbaar met een kleine rochel.

Emma reageerde boos toen ik haar corrigeerde dat ze op het verkeerde appartement was, namelijk dat van haar buurman. Twee weken geleden, toen ze nog bij de vorige woongroep op de benedenverdieping was, was dit de locatie van haar kamer. Ik heb haar naar haar eigen kamer begeleid en haar even met rust gelaten. Ze liep toch nog regelmatig de andere kamer in. Na een rustmoment op haar eigen kamer kwam Emma naar de huiskamer en was boosheid niet meer aanwezig.

22 november – Emma bedankte me voor de aandacht en goede zorg. *"Wat een verwennerij"*, zei ze. Emma heeft uitgeslapen en heeft meer last van vermoeidheid. Ik heb haar een ontbijt op bed gebracht en dat vond ze heerlijk. De lunch heeft ze genuttigd in de huiskamer en ik heb haar daarna naar bed geholpen voor de middagrust. Ze zag er vermoeid uit en pips. Emma heeft op bed gelegen tot 16 uur. Ze oogde nog steeds moe en was soms kort van adem.

23 november – Emma ligt nog steeds in bed maar zegt zich niet ziek te voelen maar dat ze gewoon lui is. Ik heb haar om 12 uur 's middags wakker gemaakt. Na het eten ging ze nog lekker terug naar bed. Ze draaide zich op haar zij en viel vrij snel weer in slaap. Emma heeft geen klachten behalve dat ze meer vermoeid lijkt dan anders. Ze sliep meer dan we van haar gewend zijn. Ze heeft geen koorts en at en dronk goed. Ze vond het prima dat ze nu bij een ander woongroep is.

24 november – Ik heb Emma's ontbijt op de kamer gebracht. Ze genoot zichtbaar van de aandacht. Emma was vanavond rustig aanwezig maar later in de avond werd ze wat achterdochtig. Ze liet zichzelf toch goed helpen met het aankleden voor de nacht en was hiervoor dankbaar.

26 november – De arts is bij Emma geweest om een praatje te maken. Emma bleef erg vermoeid maar ze oogde niet ziek, had geen temperatuursverhoging, at en dronk als gewoonlijk, ze was ook niet benauwd en moest niet hoesten. Ze bleef de hele avond in de huiskamer en was gezellig in haar boek over Prinses Beatrix aan het bladeren.

27 november – Emma was gezellig aanwezig. Ze was enige tijd bezig met het memoryspel. Ze sprak over de dieren. Na de lunch is ze op haar kamer in de luie stoel gaan rusten. Ze zei niet ziek te zijn. Ze maakte wel een vermoeide indruk.

28 november – Emma had haar vest nog aan in bed. Ze wilde dit in de avond niet uit. Ze was in rust met momenten kort van adem en oogde moe. Toen ik haar vroeg of ze benauwd was dan zei ze van niet. Ze was opgewekt en vriendelijk. Na de lunch ging ze rusten in de luie stoel op haar kamer. Haar appartement is weer gezellig ingericht. Haar zoon komt vanmiddag op bezoek.

Ze was vanavond wat onrustig. Ze was argwanend richting de medewerkers. Ze zei dat wij haar spullen gestolen hebben. Ze probeerde de deur te openen naar de uitgang.

29 november – Emma droeg de knuffelkat onder haar trui en had deze de hele avond bij zich. Ze wilde dat de kat bij haar bleef slapen. Ze wilde nog niet naar bed en zat op haar kamer in de luie stoel een boekje te lezen.

30 november – Emma zei: *"Oh gezellig. Leuk dat je er bent dan ga ik met je mee"*, maar bedacht zich toen ik zei dat het pas 5 uur 's ochtends was. Emma heeft in de huiskamer een spelletje gedaan en kon zich goed vermaken. Ze heeft vandaag niets gezegd over naar huis te willen gaan. Ze heeft geen COVID-gerelateerde klachten en is niet ziek. Emma wilde zich vanavond niet meer uitkleden dus heb ik haar met kleren aan in bed geholpen.

December – Nieuwe woongroep

1 december – Emma liep rond 4 uur op de gang en hing de schilderijen recht. Ze vond het wel gezellig dat ik er was en kletste volop. Emma was gezellig aanwezig vanmorgen. Ze geeft geen klachten aan t.a.v. de gezondheid. Emma reageerde geagiteerd toen een collega haar temperatuur wilde opnemen. Ik heb dit geaccepteerd. Emma lag bij controle om 23.30 uur te slapen op bed met haar kleding aan. Ik heb dit zo gelaten.

2 december – Emma lijkt zich goed aangepast te hebben aan de nieuwe woongroep, ze is spraakzaam en dankbaar. Ze maakt een ontspannen indruk.

3 december – Emma is niet meer besmettelijk. Ze is opgeknapt van de COVID-infectie. Ik heb haar haren mogen vlechten. Ze was verder vriendelijk en kwam 's morgens heel opgewekt de huiskamer binnen. Emma's zoon is op de hoogte gebracht dat de coronawoongroep morgen opgeheven wordt.

4 december – Er is geen corona meer en het zorgplan is aangepast. Emma was rustig aanwezig vanavond. Ze hielp wat mee met de kleine klusjes en later keek ze tv met de medebewoners.

5 december – Emma heeft genoten van het bezoek van Zwarte Piet en ze heeft leuke cadeautjes gekregen. Ik heb de fles wijn in de voorraadkast bij de andere flessen van Emma gezet. Ze lag met kleren aan in bed. Ze had weer verschillende kledingstukken over elkaar aangetrokken.

6 december – Emma zat vanmorgen al aangekleed op bed en was haar haren aan het vlechten. Ik heb geprobeerd om haar mee naar de badkamer te nemen en te verzorgen maar dit wilde ze niet. Ze zei dat ze het al gedaan had. Ze is verder rustig en gezellig aanwezig.

7 december – Emma was erg gezellig en spraakzaam tijdens de zorg. Ze zei dat ze het hier wel naar haar zin had. Je kon dat ook zien. Emma kon het goed vinden met de andere medebewoonster en ze kletsten er samen gezellig op los.

11 december – Ik groette Emma goedemorgen. Ze reageerde opgewekt: *"Ook een goede morgen maar ik blijf nog eventjes liggen."* Ik vertelde dat de zuster een gebakken eitje aan het klaarmaken was. Emma zei: *"Heerlijk, dan kom ik eruit."*

Ze heeft de hele ochtend gezellig met medebewoners aan tafel gezeten en ze hebben samen naar de muziek geluisterd en gezongen.

12 december – Emma was wiebelig op de benen en snel buiten adem; waarschijnlijk een restant klachten van COVID. Emma had de ondersteuning echt nodig. Ze was dankbaar voor de geboden hulp.

Emma had vanmiddag bezoek van haar vriendin uit Friesland. Emma is met haar buiten gaan wandelen. Toen de vriendin naar huis ging, wilde Emma ook naar huis en hield haar jas aan want ze moest immers zo gaan. Ik heb dit zo gelaten en drinken en eten aangeboden. Ze at en dronk alles op en het gevoel naar huis te willen was toen weg.

Er lag een grote chocoladeletter op de tafel waar Emma van at. Op een onbewaakt moment had Emma een halve chocoladeletter opgegeten. Ze keek daarna of ze zich niet lekker voelde en leek misselijk. Ze vertelde me: *"Ik heb het opgegeten want anders zit iedereen eraan."*

18 december – Emma was vannacht erg onrustig. Ze wilde naar haar eigen bed want haar huidige kamer is haar oorspronkelijke

79

kamer niet. De verpleegkundige heeft haar oxazepam gegeven. Ik heb haar rond laten lopen; ze ging geen andere kamers op. Rond 0:30 uur was ze wat rustiger en was weer wat contact mogelijk. Ik heb met haar besproken wat de oxazepam kan betekenen voor haar en dat ze wat meer rust in haar hoofd zal hebben als ze deze inneemt. Emma vond dit een goed idee. Ik heb haar nog even op de bank laten zitten en haar rond 1 uur naar haar kamer gebracht. Maar na een half uur kwam ze weer van haar kamer af. Ik heb nog even met haar in de huiskamer gezeten.

Emma heeft veel verteld over haar vader en moeder. Haar vader was verantwoordelijk en eigenaar van een bos, haar moeder werkte ook in de zorg. Ze heeft veel in het bedrijf van haar vader gewerkt en daarna heeft ze veel gereisd. Ik heb ook nog gevraagd of Emma zelf een advies heeft als iemand niet kan slapen: *"Nou, ik denk die persoon lekker instoppen."* Toen de verpleegkundige zei dat dat een goed idee was, moest Emma wel lachen maar wilde toch niet gaan rusten. Ik zei dat de verpleegkundige nog wat andere mensen moest verzorgen en heb gevraagd of Emma dan in de huiskamer wilde blijven zitten en dat vond ze prima. Ze is uiteindelijk in de stoel in slaap gevallen. Ik heb dit maar zo gelaten.

19 december – Het viel vanochtend op dat de ene vlecht van Emma veel korter was dan de andere. Ik weet niet of ze dit zelf zo geknipt heeft. Ze heeft goed ontbeten en kijkt nu samen met de medebewoners naar een kerstfilm op Netflix.

Emma was vandaag wat vermoeider dan anders. Ze is een aantal keer duttend aangetroffen in de stoel en aan tafel. Na de lunch heb ik haar naar haar kamer gebracht. Ze ligt nu even op bed te rusten.

Emma heeft bezoek van haar zoon gehad. Later, toen haar zoon weer weg was, heeft ze een kerstkaart gemaakt aan tafel samen met de medebewoners. Ook zong Emma mee met de liedjes van *Hanny en de Rekels*. Ze zei het fijn te vinden hier met de gezellige bewoners.

20 december – Emma was opgewekt en vrolijk en gaf aan blij te zijn mij te zien. Ze werd verzorgd en haar haren mocht ik op een knot doen. Ze is nu met een medewerker aan het knutselen. Ze was dankbaar.

24 december – Vanmorgen was Emma al aangekleed maar in de verkeerde volgorde: haar hemd was over het shirt aangetrokken. Emma had verdriet. Ze moest weg en had haast. Ik heb een tijd met Emma gesproken waarna het gelukt is om haar te douchen. Dit vond ze erg fijn en ze knapte hiervan op. De rest van de dag was Emma rustig aanwezig.

Emma heeft genoten van het kerstdiner in de huiskamer samen met de andere bewoners. Ze zit nu met de bewoners in de huiskamer tv te kijken. Emma hielp mee met het afruimen van de tafel. Emma was erg dankbaar en zei het erg gezellig gevonden te hebben.

26 december – Emma heeft met de medebewoners naar de kerstmuziek geluisterd. Ze heeft genoten van een lekker wijntje bij het diner. Ze genoot samen met de medebewoners van het circus op tv in de huiskamer. Ze had het er soms over dat ze binnenkort naar huis gaat maar ze was hier goed in af te leiden.

27 december – Emma zei vanmorgen blij te zijn om mij te zien. Ze keek erg opgewekt. Emma was dankbaar voor alle hulp. Ze is enige tijd bezig geweest met het memoryspel in de huiskamer.

29 december – Emma zat de hele ochtend in haar stoel op haar eigen kamer en dutte veel in. De arts heeft daarom weer een coronatest afgenomen bij Emma. Ik heb de verpleegkundige gevraagd om haar te onderzoeken want ze had een lelijk hoestje; het leek anders dan anders. Emma zei zelf dat ze zich goed voelde. Ze had geen koorts en kwam niet ziek over.

30 december – Emma was weer coronapositief. We moeten de isolatie handhaven en morgen de situatie met de arts bespreken. Haar klachten passen mogelijk bij corona, en is wellicht een herbesmetting? Ik heb haar zoon op de hoogte gebracht en besproken dat ze overgeplaatst zal moeten worden naar een andere afdeling.

Emma is vanavond één keer van haar kamer geweest. Ik heb enige tijd bij haar op de kamer gezeten voor een praatje. Ze was opgewekt, spontaan en erg dankbaar. Emma heeft vanmiddag en vanavond tv gekeken en zei het erg mooi te vinden. Ze liet zich vanavond goed helpen met de avondzorg. Ik heb haar de hele dag niet horen hoesten. Ze was ook niet kort van adem of benauwd.

Emma zat rond 23 uur nog voor de tv. Ik heb haar gevraagd om haar naar bed te begeleiden maar ze weigerde. *"Dat kan ik zelf"*, aldus Emma. Ik heb haar even met rust gelaten om zo min mogelijk prikkels te veroorzaken. Tien minuten later kwam Emma de gang op met haar ingepakte handtas onder haar arm in de richting van de uitgang. *"Ik ga naar huis. Ik wil naar mijn man"*, zei ze. Met een praatje heb ik haar naar bed kunnen begeleiden. Ze ligt met haar nachtkleding en daarover een trui en sokken aan in bed te slapen. Emma weigerde deze uit te doen.

31 december – Emma zat de hele middag rustig in de stoel op haar kamer. Ze hoestte geregeld maar maakte verder geen zieke indruk. Ze heeft goed geslapen en zei wel dat ze verkouden is en niet begreep hoe dit kon. Ze wilde het liefst op haar kamer blijven.

Januari 2021 – Aanvaarding

1 januari – Emma was veel moe en hoestte af en toe. Ze bleef de hele dag op haar kamer en sliep veel. Ze was erg vriendelijk en zei geen klachten te hebben.

2 januari – Emma was in de huiskamer komen ontbijten. Ze was fitter dan in de afgelopen dagen. Ze voelde zich goed en heeft de hele middag en avond in de huiskamer gezeten en ook met spelletjes meegedaan. Emma vond het maar niets dat steeds de saturatie en temperatuur opgemeten moesten worden. Ze is de hele middag bezig geweest met het memoryspel. De plaatjes waren omgekeerd en ze zocht zo alle dierenparen bij elkaar. Dit ging erg goed. Ze genoot van Nederlandse muziek in de huiskamer en zag er beter uit.

5 januari – De ochtendzorg kostte Emma veel energie. Ze wilde zelf graag haar haren vlechten. Ze was in de huiskamer en at wat fruit. Ze heeft vanmiddag heerlijk geslapen in haar bed. Ze had dit nodig en was vermoeid.

6 januari – Emma was vanmorgen goed gehumeurd en opgewekt. Ze heeft gezellig in de huiskamer gezeten en was om 19 uur in haar bed gekropen met haar lange broek nog aan maar ze vond dit wel lekker warm.

7 januari – Het is vandaag de negende dag na Emma's positieve coronatest. Ze is de hele ochtend vermoeid geweest en viel geregeld in slaap. Ze leek niet ziek, was niet benauwd en niet verkouden. Ze bleef wel hoesten. Emma genoot van een wijntje en keek tv.

8 januari – Emma zei vanmorgen zich hier prettig te voelen en ook dat ze hier lekker slaapt. Ze was ook erg opgewekt en leek zich ook lekker ontspannen te voelen. Ze deed haar eigen dingetjes en liep zo nu en dan even over de gang en kwam een gezellig praatje maken. Ondanks dat Emma tweemaal getroffen is door corona, is ze toch goed opgeknapt. Ze had alleen nog wat last van hoesten maar zei er verder geen hinder van te ondervinden. We hebben haar kamer weer even wat opgeleukt met gezellige spulletjes. Emma vond het erg mooi en is er blij mee.

9 januari – Emma kreeg vandaag bezoek van haar schoondochter. Ze kreeg nieuwe schoenen en nieuwe kleding. Haar schoondochter nam deze weer mee om te verstellen.

10 januari – Emma vertelde dat ze genoten heeft van het bezoek van haar zoon. Ze was opgewekt en gezellig in de huiskamer. Ze drinkt nu koffie en kijkt naar een concert van *De Toppers*; ze moet hier erg om lachen. Ze heeft goed gegeten en deed vanavond mee met een spel.

11 januari – Emma zei het fijn te vinden dat ik kwam kijken en helpen. Ze was verder gezellig aanwezig. Vanmorgen hebben we in een boekje gekeken en wat oefeningen gedaan met het pittenkussen en de bal. Later heb ik verschillende moppen voorgelezen en hier moest ze erg om lachen. Ze was opgewekt, erg vriendelijk en dankbaar.

Emma gaf vanmiddag aan zo trots te zijn met haar nieuwe laarsjes. *"En kijk eens"*, zei Emma, *"er zit ook een rits in, erg makkelijk."* Ze heeft vanmiddag samen met een medebewoner het memoryspel gedaan. Emma kon voluit over de dieren praten.

12 januari – Emma zei heerlijk geslapen te hebben en was blij me weer te zien. Ze vertelde tijdens de zorg dat ze me zo dadelijk een verrassing moest laten zien: *"Ik heb iets heel moois* *gekregen van mijn moeder."* Ze pakte haar nieuwe laarsjes en zei met een brede glimlach *"Kijk eens, dit is zo mooi, een rits in de schoenen en het gaat zo gemakkelijk."*

14 januari – We hebben samen met alle andere bewoners cupcakes gebakken voor bij de koffie vanmiddag. Emma genoot hiervan en vond het al lekker ruiken toen ze in de oven stonden. Ik heb haar niet meer horen hoesten. Toen ik aan Emma vroeg hoe het met haar ging vanwege corona, zei ze dat ze helemaal geen corona heeft gehad en eigenlijk nooit ziek is. Ze heeft ook niet gerust. Ze heeft lekker naar buiten gekeken en we hebben samen gekletst over van alles en nog wat.

15 januari – Emma zei de hulp fijn te vinden. Ze vroeg hoeveel ze ervoor moet betalen. Ik zei dat dit niets kost. Emma zei: *"Wat heerlijk."* Ze bedankte me hier verschillende keren voor. Emma had wat hoestbuien en was wat kort van adem. Ze zit nu aan haar ontbijt en is gezellig aanwezig in de huiskamer. Ze heeft samen met de medebewoners naar *The Voice* gekeken. Ze deed vanmorgen intensief mee met de gym.

16 januari – Emma was vanmorgen haar haren aan het kammen. Ze was vriendelijk en opgewekt. Ze had soms een harde hoest maar uitte geen benauwdheid. Ze zat met de medebewoners naar de tv te kijken. Ze heeft vanmiddag lang op bed gelegen en sliep vast. Ze zit nu samen met een medebewoner naar Tineke Schouten te kijken.

17 januari – Emma's zoon is vanmiddag op bezoek geweest. Hij heeft het formulier getekend voor toestemming voor de vaccinatie tegen corona.

Vanmiddag hebben we met de iPad een paar foto's gemaakt. Emma vond het erg leuk om samen met de medebewoners een fotoshoot te houden. Ze was opgewekt en dankbaar. Ze werd verzorgd en zei zo trots te zijn op haar mooie nieuwe laarsjes.

18 januari – Emma lag heel vast te slapen en te snurken. Het had haar goed gedaan want ze had goede zin en maakte veel grapjes. Ik heb haar ondersteund met de zorg en ze vond dit prettig. Emma zei vanmiddag heel blij te zijn met haar foto waar ze met de knuffelpoes leuk op staat. Ik heb deze foto samen met Emma bij de deur van haar kamer opgehangen. Ze heeft vanmiddag meegezongen met de liedjes van Jannes op tv.

20 januari – Emma genoot vanavond van de verhalen over vroeger. Ze nam ook actief deel aan het gesprek.

21 januari – Emma genoot deze ochtend van de zorg en was dankbaar. Emma was neusverkouden, hoestte regelmatig en had ook wat rode ogen. Ze ligt nu te rusten in bed. Ik heb met haar zoon gesproken over de COVID-vaccinatie. Ik ben vanmiddag samen met Emma creatief bezig geweest met Diamond Painting. Dit vond ze leuk. Na een paar keer voordoen kon ze dit zelf met af en toe wat hulp.

22 januari – Emma was heel dankbaar voor de hulp. Ze had goede zin en we hebben spelletjes gedaan: plaatjes bij elkaar zoeken. Emma kwam om 15 uur de huiskamer binnen. Ze heeft een kleurplaat gekleurd. Ze was spraakzaam en vriendelijk naar iedereen en was dankbaar. Emma zit nu in huiskamer tv te kijken met een glaasje sap en een zakje chips.

23 januari – Bij momenten moest Emma even hoesten tijdens de ochtendzorg. Tot nu toe heb ik het hoesten niet meer waargenomen. Emma genoot van het gebakje vanwege de verjaardag van een medebewoner. Daarna heeft ze rustig aan de eettafel in de tijdschriften gelezen. Emma ligt nu te rusten op bed. Ze genoot van haar wijntje vanavond.

24 januari – Emma zei vanmorgen bij het opstaan zich niet fit te voelen. Ze kon echter niet goed aangegeven wat ze voelde. Ze had verder een prima ochtend in de huiskamer. Ze genoot van de muziek op de iPad. Ze ging na de lunch uit zichzelf op bed liggen. Ze had in haar slaap een piepende ademhaling. Emma was er verder goed aan toe.

25 januari – Emma was niet helemaal fit en dit zei ze zelf ook; wat neusverkoudheid, lichte kortademigheid met af en toe hoesten. In rust of in bed had ze een wat piepende ademhaling maar ze maakte geen zieke indruk. Ze had geen koorts maar mogelijks (opnieuw) wat lichte klachten die gerelateerd kunnen worden aan een COVID-infectie. Donderdag gaan we opnieuw evalueren en in overleg met haar zoon moeten we mogelijk afzien van de geplande vaccinatie.

26 januari – Emma heeft veel plezier gemaakt en gelachen om allerlei grapjes. Emma had rake opmerkingen en grapjes. Het was onder de drie bewoners een gezellige boel. Ze had vanavond hoge nood maar kon de wc niet op tijd bereiken en plaste in de gang. Ze verontschuldigde zich hiervoor. Ze liet zich hierna naar bed begeleiden en vond het fijn dat ik haar hielp. Emma krijgt geen vaccinatie op dit moment.

27 januari – We hebben vanmiddag oude kinderliedjes gezongen en foto's gekeken die erbij werden afgespeeld; dit vond ze erg leuk. Vanavond hebben we memory gedaan. De dierenplaatjes bij elkaar zoeken vond ze ook erg leuk om te doen. Ze zit nu naar de tv te kijken in de huiskamer.

28 januari – Vanmorgen had Emma haar kleren in de verkeerde volgorde aangedaan. Ze was blij hulp te krijgen. Ze was weer wat opgeknapt (had maar milde klachten). Ze was niet meer neusverkouden, niet benauwd, en hoestte maar heel af en toe. Ze leek cognitief wel wat in te leveren wat te zien was aan haar handelingen. Ze was bijvoorbeeld vanmorgen begonnen met aankleden en had te veel kleding over elkaar heen aangetrokken. Ze was dankbaar dat er iemand bij haar kwam om haar te helpen.

29 januari – Per vandaag is de corona-eenheid opgeheven. De appartementen zijn schoon en al het materiaal is opnieuw aangevuld.

30 januari – Emma kwam vanmorgen opgewekt en vriendelijk uit bed. Ze was blij met de hulp. Ze heeft zelf haar ontbijt gekozen en heeft lekker zitten eten. Ze was gezellig aanwezig in de huiskamer en heeft vanmiddag rondgelopen over de gang. Later heeft ze naar de film *Kruimeltje* gekeken. Ze zit nu rustig bij de tv.

31 januari – We hebben samen haar kleren uitgezocht. Ze was heel vriendelijk en gezellig aanwezig en had goede zin. We hebben al veel gelachen samen.

Februari – Harde val

1 februari – We hebben vanmiddag de huiskamer versierd voor de carnaval. Emma vond het erg mooi en deed het carnavalsmasker op. Ze had veel lol. Emma zit nu in de huiskamer tv te kijken.

2 februari – Bij aanvang van mijn dienst wilde Emma naar huis. Ze was op zoek naar de uitgang. Emma dacht dat haar ouders thuis op haar zaten te wachten. Ik heb haar hierin gerust kunnen stellen. Ze was hier dankbaar voor. Ik heb een natuurfilm voor Emma aangezet op YouTube. Ze heeft toen niet meer over naar huis gaan gesproken.

3 februari – Emma had vanochtend heel erg veel last van aangezichtspijn. Ze heeft vooral pijn aan de rechterkant van haar bovenlip en het trekt door naar haar rechterwang. Ze kon aanraking van haar huid niet verdragen. Ze huilde van de pijn. We hebben haar paracetamol gegeven. Emma is bekend met *trigeminusneuralgie* maar de laatste maanden heeft ze hier geen last meer van gehad. Ze heeft hier toen carbamazepine voor gekregen. Emma werd hier wel heel suf van en minder alert. Daarom werd dit weer afgebouwd.

4 februari – Emma heeft geen aangezichtspijn meer gehad sinds gisteren. Ze is wel onrustig. Ze zegt: *"Ik moet gaan vliegen en weer gaan werken. Ik moet naar het vliegveld."* Ze wil naar buiten en kijkt ongerust; ze begrijpt het niet. Ze loopt ons achterna om naar buiten te kunnen. Ik heb met haar in de tuin gewandeld maar bij terugkomst begon de onrust opnieuw. Ik heb haar oxazepam gegeven met goed resultaat.

5 februari – Emma liet de verzorging goed toe en genoot van de verzorging van de haren. Ze vond het fijn in de huiskamer. Ze genoot vanavond om samen met een medebewoner en met iets lekkers naar *The Voice* te kijken. Ik heb Emma geholpen en lekker in bed gelegd. Emma was dankbaar voor de hulp.

7 februari – Ik heb Emma's haren gevlochten en haar ondersteund met de zorg. Ze had vanmorgen geen aangezichtspijn en heeft geen paracetamol gehad. Emma was verder gezellig aanwezig. Ze genoot van de sneeuw vanmiddag en zat bij het raam naar buiten te kijken.

6 februari – Emma sliep goed. Ze gaf weer aan veel aangezichtspijn te hebben en ook last van hoofdpijn. Ze kreeg paracetamol. Kan carbamazepine niet weer gegeven worden? Emma mag zo nodig 4 maal daags paracetamol en dit wordt nog niet maximaal gegeven. Indien de pijnklachten verergeren graag opnieuw contact met de verpleegkundige opnemen.

8 februari – Emma had geen klachten over de aangezichtspijn. Ze was wel wat kort van adem maar zei er geen hinder van te hebben. Emma zit nu tv te kijken onder het genot van een glaasje wijn.

9 februari – Emma zei moe te zijn. Tijdens de lunch zei ze pijn te hebben aan haar gezicht. Ze kreeg paracetamol en rust nu op haar kamer in de luie stoel. Ze hoestte regelmatig en klonk verkouden. Emma kreeg vandaag haar eerste halve tabletje nieuwe medicatie (carbamazepine) tegen de aangezichtspijn. Ze heeft verder geen klachten meer geuit maar trok af en toe wel met haar mond. Verder waren er geen andere klachten, zoals hoesten of kort van adem.

10 februari – Emma had een goede nachtrust. Ze was erg spraakzaam en dankbaar dat ik haar kwam helpen. Ze had geen aangezichtspijn. Ze was tijdens de lunch gezellig aanwezig. Ze had veel te vertellen over vroeger. Ook gaf ze aan het zo mooi te vinden dat ze haar laarsjes gekregen heeft van haar moeder. Ze zei het heel apart te vinden dat er een rits in zit. Ze rust nu op bed.

11 februari – Emma ligt met kleren aan in bed en ik heb dit maar zo gelaten. We zijn gisteren gestart met carbamazepine voor haar aangezichtspijn. Vanmiddag tijdens de lunch kreeg Emma er last van. Ze had de tranen in haar ogen staan. Ze kreeg paracetamol en ik heb haar na de lunch op bed gelegd. Ze gaf tijdens het avondeten weer pijn aan.

15 februari – Emma zat op de rand van haar bed haar haren te kammen. Ze werd verzorgd en zei dit heel fijn gevonden te hebben. Ik heb haar haren op een knot gedaan en haar bed werd verschoond. Ze zei na de lunch moe te zijn. Ze is nu samen met een medebewoner het memoryspel aan het doen. Emma heeft geen last van aangezichtspijn.

16 februari – Emma liep vanmiddag naar de huiskamer om te vertellen dat een medebewoner naar het toilet moest. Ze liep daarna met een vol tempo terug naar haar eigen kamer. We hoorden een harde knal en geschreeuw in de gang. We troffen Emma aan op haar buik op de gang voor haar kamer. Ze had veel pijn aan haar borsten. We hebben haar enige tijd op de grond laten liggen om bij te komen, en haar toegedekt met een deken. We hebben haar op de rug gedraaid. Ze had pijn aan haar borstkas. Het rechtop komen deed erg pijn. We hebben haar samen met twee collega's in haar stoel getild. Ze kreeg paracetamol. Haar knieën waren een beetje geschaafd. Emma had pijn aan de rechterkant van haar boventanden. Graag even in de gaten houden hoe ze op haar laarsjes loopt. Waarschijnlijk is de zool te stroef waardoor ze meer voorover loopt.

17 februari – Emma kreeg om de twee uur controle na haar val. Ze gaf verder geen pijnklachten aan, wist zich de val ook niet meer te herinneren, en ze zei: *"Ik denk dat je iemand anders bedoelt want ik ben niet gevallen."* Ze zat vanmorgen op de bedrand haar haren te kammen. Tijdens de zorg werd ze emotioneel en zei pijn te hebben aan haar rechter oogkas. Haar borstkas en borsten waren gevoelig. Ze had geen pijn aan haar tanden. Ze kreeg paracetamol. Het opstaan van stoel en toilet ging wat moeizamer. Ze was voorzichtig met lopen. In de loop van de ochtend vroeg ik of ze nog pijn had. Ze zei: *"Heb ik dan pijn? Ik weet van niets."* Ik ben hier verder niet op ingegaan. Emma had verder een rustige ochtend. Ze heeft de krant gelezen. Ze gaf vanmiddag na de lunch steeds meer pijn aan onder de borsten. Haar zoon is geïnformeerd dat ze gisteren is gevallen. Ze had vanavond flinke pijnklachten onder haar borsten, ademde erg oppervlakkig, en hield haar handen onder haar borsten. Ze kreeg oramorph en daarna hebben we haar naar bed geholpen; met liggen was de pijn beter te verdragen.

18 februari – Emma had vannacht pijn ter hoogte van beide borsten en haar linkerschouder. Ze kreeg weer oramorph. Eenmaal in liggende houding op bed nam de pijn wat af. Ze heeft zojuist gebraakt na de toediening van de oramorph. Ze is gisteren met deze medicatie begonnen en het kan een bijwerking zijn. Ik ben regelmatig binnengelopen vanmorgen. Emma lag lekker te slapen. Rond 11 uur werd ze wakker en zei erg duizelig te zijn. Ze moest weer braken en ze begon te zweten. Emma is weer op bed gaan liggen en verder gaan slapen. Ze heeft daarna nog meerdere keren overgegeven. Later leek ze weer wat op te knappen. Ze had weer een weerwoord en maakte grapjes. De verpleging was positief verrast want we hadden dit de gehele dag nog niet bij haar gezien.

19 februari – Emma is niet meer misselijk geweest. Ze heeft nog wel pijnklachten en is veel minder beweeglijk dan anders.

Emma zat vanmiddag in de huiskamer en dat deed haar goed. Ze heeft goed gegeten en gedronken vanmiddag en vanavond. Ze liep door de gang en gaat dan op een stoel zitten om uit te rusten. Ze ging rond 20 uur naar bed en zei erg moe te zijn. Ze had ook pijn aan de borst.

20 februari – Emma heeft vanmorgen met een collega een rondje buiten gelopen. Ze loopt erg vlug en was snel buiten adem. Wanneer je met haar buiten gaat lopen, is het aan te raden een rolstoel mee te nemen waar ze dan in kan zitten als ze het niet meer volhoudt. Ze heeft genoten van het bezoek van haar vriendin. Ze hebben samen een poosje in de binnentuin gezeten.

22 februari – Emma had vannacht veel pijn in de borststreek. Ze durfde zich bijna niet te bewegen. Ze had tranen in haar ogen. Ze heeft een trui aangedaan omdat ze het koud had. Later lag ze weer lekker te slapen. Ze was vandaag gezellig aanwezig en ligt nu op bed te rusten. Ik heb haar niet meer gehoord over pijn. Ze was al aardig moe deze avond en was vroeg naar haar kamer gegaan.

23 februari – Emma lag bovenop haar bed. Ze was niet uitgekleed en haar bed was helemaal nat. Ze heeft echt hulp nodig nu ze veel pijn heeft. Emma bleef tot 11 uur op haar kamer en is daarna met een collega naar buiten in de tuin geweest. Toen ik vanmiddag Emma uit bed ging halen kon ze er zelf niet uit want ze had veel pijn met overeind komen. Ze durfde ook niet goed adem te halen. Ik heb haar hoofdsteun omhoog gedaan en we hebben haar met twee personen uit bed getild. Eenmaal overeind gaat de ademhaling beter.

24 februari – Bij het opstaan greep Emma naar haar borsten. Het deed pijn, zei ze. Ik vroeg of ze hier iets voor wilde hebben. Ze zei van niet: *"Als ik lig zakt het weer."* Ik heb haar vandaag verder niet over pijn gehoord, ook bij het omkleden en in bed draaien niet. Ze zei wel moe te zijn. Rond 24 uur lag Emma op haar bed boven op de dekens. Ze zei het koud te hebben en niet van haar bed te kunnen door de pijn aan haar borsten en borstkas. Met het overeind komen schreeuwde ze het uit van de pijn.

25 februari – Emma zei vanmorgen dat ze het douchen erg prettig vond. Gaf alleen pijn aan tijdens het opstaan uit de bank. Daarna heb ik haar niet meer gehoord over pijnklachten. Emma zit nog voor de tv in de huiskamer. De pijn lijkt minder te worden. Ze is vanmorgen zelf weer uit bed gekomen. Ze liep weer iets meer uit haarzelf. Ze zei ook zelf dat ze wat minder last heeft.

26 februari – Emma zei vanmorgen pijn te hebben en vroeg of ik er iets voor had. Ze kreeg paracetamol. Ik heb haar geholpen met in bed gaan liggen. Ze bedankte mij vriendelijk voor de goede zorgen. Ze heeft een kaartje van haar vriendin gekregen. Samen hebben we een kaartje teruggeschreven. Emma zei dit geweldig te hebben gevonden. Ze heeft vanmorgen geregeld in de huiskamer in de stoel geslapen. Ze uitte zich verder goed, leek ook fit maar zei het heerlijk te vinden om even haar ogen dicht te doen. Emma had wat moeite met het doorslikken van de medicatie vanavond maar met wat appelmoes ging het beter.

27 februari – Emma was vanmorgen emotioneel in de huiskamer. Ze had pijn en voelde zich ellendig. Vooral tijdens het bewegen had ze pijn, bijvoorbeeld bij het uit bed komen en gaan liggen. Ze moet dan even de rust krijgen om de pijn te laten zakken. Tijdens rust en ontspanning heeft ze geen pijn. Emma heeft vanmiddag een film gekeken. Ze was erg geconcentreerd en zei later het mooi gevonden te hebben.

Maart – Ontspanning

3 maart – Emma heeft genoten van het bezoek van haar zoon en schoondochter; ze hadden nieuwe kleren meegebracht. Ik heb gelijk Emma's linnenkast opgeruimd. Ze liet het allemaal toe en was blij in bed te liggen.

4 maart – Emma had in de ochtend nog wel wat pijn maar in de loop van de dag werd het minder. Soms bij het gaan staan uit de stoel deed het nog pijn. Haar aangezichtspijn is niet meer voorgekomen sinds de start van de carbamazepine. Ze sliep wel meer dan voorheen maar de vraag is of dit door haar val is of het effect was van de carbamazepine. Emma heeft vanavond gezellig meegedaan met een vragenspel met de medebewoners.

5 maart – Emma heeft in de huiskamer naar de *Voice of Holland* op de tv gekeken onder het genot van een glaasje fris en wat chips. Met momenten neuriede Emma mee met de muziek.

6 maart – Ik heb vanmiddag Emma's handen eerst in een badje gedaan, haar nagels geknipt, en later nog een beetje handmassage gegeven. Ze vond het fijn en was blij met de korte nagels. Ik heb vanmiddag met Emma het memoryspel gedaan en samen hebben we naar de plaatjes gekeken. Dit vond ze leuk om te doen. Emma was verder rustig en vriendelijk aanwezig. Ze viel paar keer in slaap in de luie stoel. Een collega heeft haar een paar keer gevraagd om mee te gaan maar dit wilde ze niet.

10 maart – Emma had het vanmorgen over een borstvergroting die ze ondergaan had. Ze zei daarom zo'n pijn te hebben aan haar borstbeen. Vanmiddag is ze wat onrustig, loopt met een medebewoner over de gang en gaat de huiskamers binnen. Ze vertelde aan mijn collega over een adoptie en of deze dan wel doorgaat? Geeft aan dat ze ons Nederlands hoort praten en kijkt hier vragend bij.

11 maart – Emma's gps-tracker hebben we vanaf vandaag gestopt en is uit haar zorgplan gehaald. Ze wilde vanmorgen niet geholpen worden. Emma kwam naar de huiskamer voor het ontbijt en was gezellig aanwezig. Ik heb de kapster gevraagd of ze Emma's haren wil bijknippen.

13 maart – Emma zegt geregeld dat ze te veel medicatie moet slikken. Je moet altijd bij haar blijven totdat ze deze inneemt. Emma reageerde op een medebewoner die dreigend overkwam. Ze liet duidelijk weten dat zulk gedrag niet gewenst is. Ik heb haar gesteund in deze onenigheid waardoor Emma stopte met reageren op deze medebewoner.

14 maart – Emma was vanmorgen wakker en lag in bed rond te kijken. Bij navraag of ze zin had in een ontbijtje zei ze: *"Heerlijk."* Vanmorgen, toen ze haar gezicht wilde wassen en dat nog niet had aangeraakt, voelde ze een steek in haar gezicht, waarschijnlijk aangezichtspijn. Ze heeft haar gezicht zelf zachtjes gedept. Later zei ze dat het weg was. Emma kreeg bezoek van haar zoon en haar kleinzoon. Ik heb haar nagels verzorgd en gelakt. Ze was gezellig aanwezig en genoot van een wijntje bij het eten.

15 maart – Emma werd vanmorgen verdrietig wakker. Ze bleef de hele ochtend down en moest aangespoord worden met eten en drinken. Ze had vanmorgen nog lichamelijke klachten bij haar borsten. Ze heeft vanmiddag tot 16 uur in bed gerust. Ze heeft daarna een beetje meegedaan met de beweegcoach. Ze heeft in haar kamer nog wat druiven gegeten.

16 maart – Emma is in de huiskamer gevallen en had wat pijn aan haar rechterknie. Ze vertelde dat ze over het tafeltje viel maar dat lijkt me onwaarschijnlijk. Het leek erop dat ze schrok en toen viel. Ze had geen pijn. Ze zag er moe uit. Vanmiddag was ze erg spraakzaam en vertelde wat er allemaal in haar tijdschrift stond.

17 maart – Emma deed vanmorgen intensief mee met het balspel in de huiskamer samen met de medebewoners. De medicijnsplijter is binnengekomen om de medicatie voor haar aangezichtspijn te halveren. Hier kreeg ze nu een half tabletje van.

18 maart – Emma ging bij de buren een spelletje doen. Ze weigerde de medicatie omdat ze vond dat ze te veel krijgt. Ze is niet gewend aan het nemen van (veel) medicatie. Ze heeft nu paracetamol voor borstpijn na haar val en carbamazepine voor haar aangezichtspijnen, en ze krijgt vitamine D en B12.

19 maart – Emma at haar ontbijt op en daarna kwam de kapster. Ze heeft een stukje van haar haren laten afknippen. Emma heeft vanmorgen meegeholpen met het schoonmaken van het fruit. Ze heeft tot nu toe geen aangezichtspijn en geen pijn aan haar borstkas. Ik heb haar niet de laarsjes aangedaan omdat de zolen soms stroef over de grond gaan en aanleiding tot vallen kunnen zijn.

20 maart – Emma heeft bezoek gehad van haar zoon en zijn vrouw. Ze zijn even buiten gaan wandelen. Emma heeft in een rolstoel gezeten. Bij terugkomst zei Emma het fijn gehad te hebben. Later in de avond heb ik Emma haar post gegeven. Hier zat een kaartje bij van haar vriendin. Emma gaf aan het geweldig te vinden. Ze heeft de kaart meerdere malen gelezen.

21 maart – Emma heeft vanmorgen met medebewoners en balspel gedaan. Vanmiddag hebben we samen met Emma een paaskleurplaat gemaakt.

22 maart – Emma heeft vanmorgen lekker uitgeslapen. Ze heeft samen gegeten met de bewoners van een andere woongroep. Dit was een groot feest met veel kletsen en lachen.

24 maart – Emma heeft genoten van de middag-paasactiviteit in de hal met medebewoners en ze genoot ook van het samen eten daar.

25 maart – Emma heeft vanmiddag intensief een kleurplaat van een paasei gekleurd.

25 maart – Emma heeft nauwelijks tot geen klachten meer van pijn aan haar borstkas en ook geen aangezichtspijn. Ze kreeg nu nog twee halve tabletjes carbamazepine. Ze was gezellig aanwezig en we hebben veel gelachen vanmiddag en vanavond. Emma heeft met een collega mens-erger-je-niet gespeeld.

26 maart – Emma was heel vrolijk en vriendelijk en vond het fijn dat ze hulp kreeg. Een collega had gevraagd of ze zin had om in de stad bloemetjes te kopen. Ze zei hier geen zin in te hebben. Ze heeft de hele morgen in de huiskamer naar de tv gekeken. Ze ligt nu te rusten op bed en zei dankbaar te zijn voor de hulp. Samen met een medebewoonster heeft ze aardappels geschild. Ze heeft goed meegeholpen en ze hebben veel gelachen samen. Ze heeft samen met de medebewoners in de huiskamer de finale van de *Voice of Holland* gekeken.

27 maart – Emma heeft genoten van het bezoek van haar vriendin.

28 maart – Emma heeft bezoek gehad van haar zoon en schoondochter. Ze hebben heerlijk gewandeld. De familie zorgt voor nog wat broeken.

29 maart – Emma heeft tot nu toe geen pijn aan de borstkas en ook geen aangezichtspijn. Na het ontbijt zat Emma in de huiskamer aan tafel te slapen. Ik heb haar een kleurplaat aangeboden en deze is ze nu aan het kleuren. Emma heeft genoten van het buiten zitten met de medebewoners.

30 maart – Emma was vanmorgen erg opgewekt. Ze heeft met een medebewoner memory gespeeld. Ik heb gisteren doorgegeven dat Emma oedemateuze voeten heeft. Ik heb haar benen hoog laten leggen. Ze rust nu op bed. Ze had vanavond ook veel oedeem in haar voeten en enkels. Boven op de voet puilde het vocht uit haar open schoentje. Ze liep ook erg moeizaam.

April 2021 – Een nieuwe start

1 april – Emma had gisteren en vandaag opnieuw pijn in het aangezicht. We gaan de carbamazepine nog niet stoppen. In de loop van de dag ontstaat in beide benen wat oedeem, met name haar voeten en enkels. In de ochtend zijn die weer slank. Het lopen gaat beduidend minder. We gaan proberen of Tubigripkousen de oedeem verbeteren.

Vandaag hadden we een evaluatiegesprek met haar zoon en schoondochter. Ze waren zeer tevreden over de geleverde zorg. Ik heb onze fysio gevraagd om een keer te kijken naar het lopen van Emma en of een rollator iets voor haar is. Misschien dat ze dan wat meer loopt.

2 april – Ik heb de Tubigrip aangedaan aan beide voeten. Emma vond dit niet vervelend. Ze heeft geen hinder of klachten gehad van de COVID-vaccinatie. Ze heeft vanmiddag meegedaan aan de muziekbingo. Ze was rustig aanwezig en genoot van de muziek en neuriede mee.

3 april – Emma kon niet uit zichzelf uit bed komen. Ze lag op haar buik en kon zo niet goed uit haar bed komen. Haar benen zien er normaal en dun uit.

6 april – Emma is bij inspanning erg kortademig en moet dan echt herstellen. Ze is ook erg vermoeid. Ze heeft Tubigrips aan maar deze kunnen niet helemaal dubbel. Graag morgen nieuwe Tubigrip knippen zodat ze ook van de tenen tot onder knie dubbel zitten. Vanavond hebben we samen met de bewoners naar muziek geluisterd en meegezongen. Emma had het erg naar haar zin.

7 april – Emma's benen zijn mooi dun. Is de Tubigrip nog nodig? Ze zei zelf dit vervelend te vinden. Ze heeft goed gegeten vanavond en heeft na het eten een lekker dessert gehad. Daarna heeft Emma vol aandacht naar André van Duin gekeken en moest lachen om zijn grappen. Ze had het goed naar haar zin.

8 april – Ik heb in Emma's zorgplan gezet om dagelijks loopmomenten in te plannen voor haar conditie en om oedeem te voorkomen. De Tubigripkousen blijft ze dragen omdat ze weinig loopt en ook omdat het straks warmer weer wordt. Emma heeft vanmorgen een puzzel gemaakt. Ze was tijdens de avondmaaltijd wat onrustig. Ze vond het avondeten niet lekker en heeft hier weinig van gegeten. Toen ze het toetje aan het eten was is de rust weer teruggekeerd. Ze is nu rustig een boekje aan het lezen. Emma liet zich goed helpen en vertelde dat ze het erg fijn vond dat ik haar kwam helpen. Eenmaal toen ze in bed lach zei ze: *"Zo, en nu ga ik heerlijk slapen."*

9 april – Emma heeft vanmorgen lekker uitgeslapen en ontbijt op bed gehad. Ze heeft samen met de bewoners wat tv gekeken. Ik mocht haar in eerste instantie niet helpen. We hebben dan even rustig op haar bank gezeten en gepraat over andere dingen. Ze vertelde me daarna dat ze moe was en wilde gaan slapen en dat ze het fijn vond dat ik er was om te helpen. Vanmiddag hebben samen een potje mens-erger-je-niet gespeeld.

10 april – Emma vroeg vanmorgen waarom ze die lange sokken aan moest. Ik zei dat dit voor haar dikke benen en voeten is. Ze was vanmorgen wat kort van adem toen ze in bed lag. Emma heeft vanmiddag gepuzzeld met een medebewoonster en een collega. Ze vond de puzzels heel mooi. Ze geniet nu van Andre van Duin op de tv met een lekker wijntje.

11 april – Emma heeft vanmiddag genoten van Hollandse muziek. We hebben gezamenlijk met alle bewoners van de andere woongroepen in de gang diner gehad. Ze genoot hier volop van.

12 april – Aan Emma's gelaatsuitdrukking te zien leek ze gespannen. Ik vroeg wat er aan de hand was. Ze zei hier in een vreemde omgeving te zijn en dat ze haar vriendin mist. Ik heb enige tijd bij haar op de kamer gezeten. Ik stelde voor om morgen de kinderen te bellen om te vragen hoe het allemaal besproken is. En voor nu maar niet te bellen omdat het al laat is. Ik zei dat ik er nu voor haar ben en voor haar zorg. Ze zei het heel fijn te vinden dat iedereen hier zo verdienstelijk voor elkaar is. Ze is de hele avond stilletjes geweest. Emma liep erg voorover waardoor ze bijna over haar eigen voeten viel. Ze liep ook te snel. Ik heb haar even een rollator aangeboden van een medebewoner en dit ging goed.

13 april – Emma zei vanmorgen pijn aan haar rug te hebben. Ze kreeg van een collega paracetamol. Ze wilde op de stoel blijven zitten. Ik heb later een stukje met haar over de gang gelopen. Ze liep moeilijk en had last van haar rug. Ze zei stijf gezeten te hebben en had pijn in de onderrug. Ze wilde er verder niets voor hebben.

De auteur

Erik van der Biezen (1963) heeft
biologie gestudeerd aan de Vrije
Universiteit in Amsterdam en is
daarna gepromoveerd in de molecu-
laire genetica. Hij heeft vervolgens
onderzoek gedaan in het Verenigd
Koninkrijk naar de natuurlijke
weerstand tegen ziekten bij planten.
Sindsdien werkt hij bij een multinationale onder-
neming in België om bij te dragen aan de wereld-
wijde technologische innovaties in de landbouw.
Hij is getrouwd en samen hebben zij 2 volwassen
kinderen.

De uitgeverij

Wie ophoudt beter te worden is opgehouden goed te zijn!

Op basis van dit motto zoekt uitgeverij novum steeds nieuwe manuscripten! Ondertussen zijn wij in Nederland, Duitsland, Oostenrijk en Zwitserland dé specialist voor nieuwe auteurs.

Elk manuscript dat wij ontvangen wordt gratis door onze redactie beoordeeld.

Meer informatie over onze uitgeverij en over onze boeken kunt u op online vinden onder:

www.novumpublishing.nl